Rainer Stawikowski
Fische im
Biotop-Aquarium

Rainer Stawikowski

Fische im Biotop-Aquarium

Einrichtung naturnaher Aquarien

Franckh-Kosmos

Mit 17 Farbfotos von H.-J. Herrmann (1), I. Koslowski (1), A. Spreinat (1) und R. Stawikowski (14) und 13 Zeichnungen von G. Brünner (1), M. Golte-Bechtle (2), W. Sommer (2) und Werner Weiss (8).

Umschlaggestaltung von Creativ GmbH Ulrich Kolb, Leutenbach, unter Verwendung zweier Dias von Burkhard Kahl.

CIP-Titelaufnahme
der Deutschen Bibliothek

Stawikowski, Rainer:
Fische im Biotop-Aquarium : Einrichtung naturnaher Aquarien / Rainer Stawikowski.
– Stuttgart : Franckh-Kosmos, 1990
  ISBN 3-440-06159-0

ISBN 3-440-06159-0
Printed in Germany / Imprimé en Allemagne
Satz: G. Müller, Heilbronn
Herstellung: Huber KG, Dießen

Fische im Biotop-Aquarium

Ein Biotopaquarium – was ist das?

Die Süßwasseraquaristik hat sich im Laufe der vergangenen Jahre in vielerlei Hinsicht geändert. Pflegte man in den Anfangszeiten unseres Hobbys noch vorwiegend einheimische Tiere und Pflanzen, so überwiegen heute tropische und subtropische Arten. Das hat viele Gründe. Einer ist die Tatsache, daß die meisten einheimischen Tier- und Pflanzenarten geschützt sind. Viele Arten sind bedroht, weil ihre Biotope rigoros zerstört worden sind. Die Entnahme, Haltung und Zucht bedrohter Arten ist strafbar! (Mit Sicherheit sind diese Arten jedoch nicht durch Aquarianer oder Terrarianer bedroht oder ausgerottet, sondern eben durch die Verschmutzung und Zerstörung ihrer Lebensräume.) Ein zweiter Grund ist die Erfahrung, daß es einfacher ist, ein Aquarium zu beheizen als zu kühlen. Zwar gibt es Kühlaggregate, doch sind sie technisch nicht ausgereift oder sehr kompliziert und teuer, so daß es sich für den Liebhaber nicht lohnt, sie anzuschaffen. Demgegenüber ist die Haltung vieler wärmeliebender Arten auch in einem unbeheizten, bei Zimmertemperatur betriebenen Aquarium gut möglich.
Ein dritter Grund für die Vorliebe für tropische oder subtropische Arten ist schließlich die fortschreitende Erschließung weiter tropischer Gebiete auf allen Kontinenten unserer Erde, die viele aquaristisch interessante Arten zugänglich gemacht hat. Durch die heutigen internationalen Flugverbindungen ist es einfach geworden, aus allen möglichen Ecken der Welt Aquarien- und Terrarientiere zu importieren, so daß das Angebot an solchen Arten um ein Vielfaches größer ist als noch vor 10 bis 20 Jahren. Die Möglichkeit, viele dieser Arten in Büchern und Zeitschriften farbig abzubilden und somit weiten Aquarianerkreisen bekannt zu machen, hat sicher ebenso zu ihrer Beliebtheit beigetragen wie die Tatsache, daß sich viele dieser Arten ausgesprochen gut halten und züchten lassen.
Zugenommen hat auch die Zahl der Liebhaber, die selbst auf Reisen gehen, um Fische und andere Tiere in ihren natürlichen Lebensräumen zu beobachten, zu fangen und mit nach Hause zu bringen. Von solchen Reisen gelangen nicht nur Tiere und Pflanzen zu uns, sondern auch vielfältige Erkenntnisse über die Ökologie der einzelnen Arten. Viele dieser Naturbeobachtungen lassen sich unmittelbar oder mittelbar für die Aquarienpflege von Fischen und Pflanzen umsetzen.
Wer selbst einmal die Gelegenheit hatte, Fischbiotope in Afrika, Asien oder Süd- und Mittelamerika aufzusuchen, der erkennt schnell, daß es eine Vielzahl völlig verschiedener Lebensräume gibt, die von unterschiedlichen Fischen besiedelt werden. Je nach der Höhenlage, nach der Beschaffenheit des Untergrundes und der Vegetation, je nach Einfluß klimatischer Faktoren kann selbst ein einziges Gewässer, etwa ein Fluß in

seinem Lauf von der Quellregion bis zur Mündung, unzählige verschiedene Gesichter haben. Felsig, klar, schnell fließend oder gar reißend, sauerstoffreich und kühl ist er im Gebirge, trüb, stark erwärmt, träge fließend, mitunter sauerstoffarm kann er im Tiefland kurz vor seiner Mündung sein. Schroffe Steilufer aus Fels wechseln sich mit dicht bewachsenen Uferzonen ab, dann folgen Abschnitte mit großen Ansammlungen abgestorbenen Holzes, schließlich Sandstrände und Sumpfzonen. Jeder dieser Lebensräume weist seine eigene Fischfauna auf, wobei es natürlich auch Arten gibt, die aufgrund ihrer Anpassungsfähigkeit in der Lage sind, die unterschiedlichsten Biotope zu bewohnen. Aber sehr viele Arten sind auf einen – nicht nur räumlich – mehr oder weniger begrenzten Lebensraum spezialisiert.

Einige dieser Lebensräume erinnern zweifellos in keiner Weise an die Einrichtung eines Aquariums. Schlammige, trübe Pfützen im Aquarium nachzuahmen, um darin bestimmte, in solchen Biotopen vorkommende Fische zu pflegen, wäre sicher irrsinnig; kein Aquarianer kommt auf diese Idee. Demgegenüber trifft man aber auch auf Biotope, die aufgrund ihrer spezifischen Beschaffenheit (klares Wasser, Vegetation, Steine, Holzwurzeln usw.) geradezu dazu herausfordern, sie als »Modell« für eine Aquarieneinrichtung zu betrachten. Es ist, und das will dieses Buch zeigen, durchaus möglich, bestimmte Lebensräume im Aquarium nachzubilden. Über eines muß man sich dabei aber im klaren sein: Eine sklavisch genaue Nachbildung bis ins kleinste Detail wird oft nicht möglich sein. Das ist aber auch gar nicht notwendig, denn die meisten unserer Aquarienfische sind – trotz ihrer Anpassung an einen bestimmten Lebensraum – durchaus in gewissen Grenzen tolerant. Ein Beispiel: Malawi- oder Tanganjikabuntbarsche, die aus den Geröll- oder Felsuferbereichen ihrer Heimatgewässer stammen, stören sich überhaupt nicht daran, daß ein für sie eingerichtetes Aquarium neben der erforderlichen Steindekoration auch Wasserpflanzen enthält. Wichtiger für sie ist, daß Steine vorhanden sind, auf denen sie laichen und zwischen denen sie sich verstecken können. Ob wir also Pflanzen hinzunehmen, darf sich nach unseren Wünschen, nach unserem Geschmack richten.

Also verwenden wir den Begriff »Biotopaquarium« nicht zu eng. Kompromisse dürfen und müssen oft sein. Bei meinen Vorschlägen für die Gestaltung solcher Biotopaquarien habe ich daher in erster Linie darauf geachtet, daß die lebenswichtigen Faktoren für die Fische unterschiedlicher Lebensräume eingehalten werden (Strömung in einem Aquarium für Fische aus Stromschnellen, Steine in einem Aquarium für Felsufer bewohnende Fische, Sandboden für Fische aus Sandzonen usw.). Ausgangspunkt ist dabei jedoch immer der möglichst naturgetreu nachgebildete Lebensraum im Aquarium, der mit Fischen besetzt werden soll, die an die jeweilige Umgebung angepaßt sind.

Wer Fische pflegt oder gar züchtet, der bemüht sich, den Tieren Lebensbedingungen zu schaffen, die ihnen zusagen, so daß sie sich bereitwillig fortpflanzen.

Das bedeutet, daß der Züchter immer versuchen wird, bestimmte, für das Wohlbefinden der Fische unerläßliche Faktoren in der Aquarieneinrichtung zu verwirklichen. Er wird versuchen, das Aquarium so einzurichten, daß er den Bedürfnissen der Fische entgegenkommt, indem er wesentliche Merkmale des natürlichen Lebensraumes berücksichtigt. Mit anderen Worten: Er versucht, den natürlichen Biotop wenigstens zum Teil nachzuahmen. Somit ist die Idee, ein »Biotopaquarium« einzurichten, keineswegs ganz neu. Und daß die Zucht so vieler Fische im Aquarium gelingt, zeigt, daß auch die Gestaltung eines Biotopaquariums – zumindest in Grenzen – möglich sein sollte!

Bei der Auswahl der in den einzelnen Kapiteln vorgestellten Fische wurde in der Regel darauf geachtet, Arten zu berücksichtigen, die im Zoofachhandel mehr oder weniger regelmäßig erhältlich sind. Eine weitere Möglichkeit, verschiedene Arten zu bekommen, bieten die zahlreichen Gesellschaften und Gemeinschaften, die sich mit der Haltung und Zucht bestimmter Fischgruppen befassen (Buntbarsche, Labyrinthfische, Killifische, Lebendgebärende Zahnkarpfen, Welse, Schmerlen usw.). Aus diesem Grunde sind die derzeit aktuellen Anschriften dieser Vereinigungen am Ende des Buches (Seite 70) genannt.

Das knappe Literaturverzeichnis kann natürlich nicht alle relevanten Fachbücher und Zeitschriftenaufsätze nennen, die mit dem »Biotopaquarium« zu tun haben. Es handelt sich vielmehr um eine Auswahl wichtiger Titel, die gezielt weiterführende Informationen zu einzelnen Bereichen des Themas bieten.

Den Aquarianern und Fotografen HANS-J. HERRMANN, INGO KOSLOWSKI und ANDREAS SPREINAT danke ich für die Überlassung wertvoller und schöner (Biotop-)Fotos.

Einige Vorbemerkungen zur Aquarientechnik

Auch in der Aquarientechnik hat es nicht nur immer wieder Neuerungen gegeben, sondern vor allem auch wertvolle Verbesserungen, angefangen beim Aquarium selbst. Mit der heute üblichen Klebetechnik auf Silikonkautschukbasis ist es nicht nur möglich, sondern auch einfach geworden, weitaus größere Aquarien zu bauen als nach dem Krieg und in den folgenden Jahrzehnten, wo man sich entweder mit gegossenen Vollglasaquarien oder mit Metallrahmenaquarien, in denen die Scheiben mittels Fensterkitt eingeklebt waren, zufrieden geben mußte. Viele Hersteller von Aquarien bieten heute Becken in Größen von über zwei Meter Länge an, und diese Behälter sind keineswegs Sonderanfertigungen, sondern Standardausführungen!

Heizung und Beleuchtung haben sich ebenfalls gewandelt. Wenn auch etliche der heute im Zoofachhandel angebotenen Stabheizer aus Glas mit eingebautem Thermostat immer noch nicht den VDE-Vorschriften entsprechen, so ist insgesamt gesehen die Beheizung unserer Aquarien doch sicherer, einfacher und zuverlässiger geworden. Wir haben sogar die Möglichkeit, zwischen verschiedenen Typen von Aquarienheizungen zu wählen. Da gibt es Heizmatten und Heizkabel, die unter dem Aquarienboden verlegt werden, so daß sich die stromführende Heizung außerhalb des Aquarienwassers befindet, oder Kreiselpumpen-Außenfilter (Topffilter), die mit einem Heizaggregat versehen sind, so daß das Aquarienwasser im Filtertopf nicht nur gereinigt, sondern zugleich beheizt wird.

Alle diese Systeme sind mit sicher arbeitenden Thermostaten ausgerüstet, die dafür sorgen, daß die gewünschte und einmal eingestellte Wassertemperatur genau eingehalten wird.

Auch die Aquarienbeleuchtung bietet heute eine Fülle der unterschiedlichsten Möglichkeiten. Es würde hier zu weit führen, die verschiedenen Beleuchtungssysteme vorzustellen, die heute für die Aquaristik angeboten werden (HQL-, HQI-Leuchten usw.). Im Literaturverzeichnis findet der Leser Spezialliteratur, die ihm hier weiterhilft.

Ähnlich verhält es sich mit der Filterung. Auch hier können wir heute unter einer Vielzahl der verschiedensten Filtertypen und -ausführungen wählen. Für kleinere bis mittelgroße Aquarien reichen in der Regel luftbetriebene Innenfilter, die es – genauso wie die Luftpumpen selbst – in den unterschiedlichsten Ausführungen gibt: mit Perlonwatte oder Aktivkohle gefüllte Plastik-Innenfilter, Schwamm- oder Schaumstofffilter sowie großvolumige, mit einer Kunstfasermatte gefüllte Filtergehäuse aus Kunststoff, die allerdings den Nachteil haben, sehr viel Raum zu beanspruchen. Es ist unmöglich, allgemeingültige Tips zu geben, für welchen Filtertyp man sich entscheiden sollte. Entschließt man sich für ein luftbetriebenes Modell, sollte man auf jeden Fall den Fehler vermeiden, bei den Anschaffungskosten für die Pumpe sparen zu wollen: Kleine, von der Leistung her knapp ausreichende, billige (nicht preiswerte!) Modelle verschleißen bei Dauerbetrieb (und Filter werden immer dauerbetrieben) sehr schnell.

Außenfilter findet man im Angebot des Zoohandels ebenfalls in vielerlei Bauweise, Größe (und Preis) und Ausführung: zum Beispiel kreiselpumpenbetriebene Topffilter, die über Ab- und Zulaufschläuche mit dem Aquarium verbunden sind. Gegenüber Innenfiltern haben sie sicher den Vorteil, daß bei der Filterreinigung nicht im Aquarium hantiert werden muß. Aber es ist ein Nachteil, sich immer wieder mit den Schlauchverbindungen und den Schläuchen selbst herumschlagen zu müssen, besonders wenn es sich um Kunststoffschläuche handelt, die Weichmacher enthalten: Diese Weichmacher werden im Laufe der Zeit an das Wasser abgegeben; über mögliche Folgen für die Gesundheit von Fischen und Pflanzen ist nichts bekannt. Die Schläuche jedenfalls werden hart und spröde und dadurch in der Handhabung immer umständlicher.

Kreiselpumpen gibt es auch in einer Ausführung, die es gestattet, Innenfilter zu betreiben. Diese Pumpen werden gewöhnlich oberhalb der Wasseroberfläche am Rand des Aquariums befestigt; über ein senkrecht nach unten führendes Rohr sind sie mit dem eigentlichen

Filter verbunden. Solche Tauchkreiselpumpen warten mit großen Leistungen auf, das heißt, sie befördern stündlich eine respektable Wassermenge – auf Oberflächenniveau; heben können sie das Wasser jedoch nicht. Seit einiger Zeit werden aber auch Tauchkreiselpumpen angeboten, deren Motor sich in einem wasserdicht vergossenen Gehäuse befindet, so daß die gesamte Pumpe unter Wasser eingesetzt werden kann. Das hat viele Vorteile: Unfälle durch in das Wasser fallende, in Betrieb befindliche Pumpen sind ausgeschlossen. Mit Unterwasser-Kreiselpumpen kann man auch in tieferen Zonen des Aquariums Wasserströmungen erzeugen, die bei der Pflege und Zucht mancher Fischarten bemerkenswerte Effekte hervorrufen.

Heute schwören zahlreiche Aquarianer auf sogenannte Rieselfilter, von denen es ebenfalls verschiedene Fabrikate und Typen gibt. Im Prinzip handelt es sich aber immer um Filtergefäße (Kästen, vertikale Röhren und ähnliches) mit einem Filtermaterial, das eine möglichst große Oberfläche bietet (Tonröhrchen, Tonblumentopf-Scherben, Lavabrokken, Kunststoff-»Bioigel« usw.). Darauf siedeln Bakterien, die die im Wasser anfallenden Schadstoffe biologisch abbauen. Man unterscheidet zwischen »Naß-« und »Trockenbett-Filter« (Tropfkörper), wobei das Wasser einmal in einem geschlossenen Kreislauf über das Filtermedium geleitet wird, das andere Mal aus dem Aquarium befördert und über das Filtersubstrat geführt wird, indem es außerhalb eines geschlossenen Kreislaufes über das Substrat tropft, be-

vor es letztendlich wieder in den Kreislauf gelangt.

Schließlich gibt es noch Aquarianer, die Mehrkammerfilter – als Außen- oder als Innenfilter – bauen (lassen). Als Innenfilter kann man solche Kammern aus Glasscheiben gleich in das Aquarium einkleben, als Außenfilter wird ein Mehrkammersystem neben oder hinter dem Aquarium aufgestellt. In die einzelnen Kammern lassen sich unterschiedliche Filtermaterialien einfüllen, so daß man die Möglichkeit hat, grobes Material als Vorfilter einzusetzen und feine Schmutzpartikel in einer Kammer mit feinem Substrat aus dem Wasser zu entfernen. Hinzu können noch Sinkkammern kommen, in denen sich zunächst einmal die ganz groben und schweren Schwebstoffe auf dem Boden absetzen können. Solche Filter sind – mit einer entsprechenden (Kreisel-)Pumpe betrieben – nicht nur sehr leistungsfähig, sondern sie haben auch lange Betriebszeiten, da eine regelmäßige Reinigung der groben Vorfiltersubstrate (grobmaschiges Perlonfasergewebe, wie es auch für Topfkratzer verwendet wird, Filterwatte usw.) nicht viel Aufwand erfordert, was zur Folge hat, daß die feineren Materialien der hinteren Kammern nicht so schnell verschmutzen und sich zusetzen. – Auch zum Thema Filterung findet der Leser Einzelheiten in einigen der im Literaturverzeichnis genannten Bücher. Hinweise auf die sinnvolle Größe des Aquariums für die in den einzelnen Kapiteln besprochenen Biotop-Einrichtungsvorschläge sowie knappe Anmerkungen zur benötigten Technik gebe ich in den betreffenden Kapiteln.

Klares Wasser: Flüsse auf der mittelamerikanischen Landbrücke

Der natürliche Biotop und seine Bewohner

Die mittelamerikanische Landbrücke gehört zu den größten Eruptionsgebieten der Erde. Zahlreiche Vulkane, von denen die meisten heute erloschen sind, prägen die gebirgige Landschaft von Mexiko, Belize, Guatemala, El Salvador, Honduras, Nicaragua, Costa Rica und Panama. In diesen Bergen entspringen die vielen Flüsse, die in das pazifische Tiefland, zum Stillen Ozean, oder aber zur atlantischen Abdachung, in den Golf von Mexiko und in die Karibik, fließen. In weiten Teilen Mittelamerikas stellen die Gebirgsketten, die sich mehr oder weniger in Längsrichtung über die Landbrücke erstrecken, eine für Fische unüberwindliche Wasserscheide dar, so daß man zwischen einer atlantischen und einer pazifischen Fischfauna unterscheiden kann.

Verglichen mit anderen Regionen der Neuen Welt, etwa dem Amazonastiefland in Südamerika, haben die Flüsse Mittelamerikas nur einen kurzen Weg von ihrem Quellgebiet bis zu ihrer Mündung zurückzulegen. Eines der größten Flußsysteme Mittelamerikas ist der Rio Usumacinta, der Grenzfluß zwischen Mexiko und Guatemala. Seine Länge beträgt rund 1000 Kilometer. Damit entspricht er etwa dem Rio Teles Pires in Brasilien, und der ist nur ein Nebenfluß des Rio Tapajós, der schließlich selbst »nur« ein Zufluß des gewaltigen Amazonas ist.

Bei einer solchen verhältnismäßig kurzen Strecke, auf der ein Fluß zudem beträchtliche Höhenunterschiede zu überwinden hat, muß die Fließgeschwindigkeit des Wassers ziemlich hoch sein. Kommen dann in der Regenzeit, die in Mittelamerika immerhin mehrere Monate andauert, noch hohe Niederschlagsmengen in Form gewaltiger Sturzregen dazu, verwandeln sich die Flüsse in reißende Wildwasser. Das hat zur Folge, daß Felsen aus den Bergen mitgerissen und bis ins Tiefland transportiert werden, wo sie im Flußbett abgelagert werden, so daß die meisten Flüsse dieser Region von ihren Oberläufen bis in die Unterläufe durch große Mengen von Felseinlagerungen gekennzeichnet sind. Je nach der Beschaffenheit des Bodens und des Gebirges prägen runde, glattgeschliffene Kiesel von Faust- bis Fußballgröße oder rauhes, verwittertes Lavagestein das felsige Bild der Ufer und des Untergrundes mittelamerikanischer Flüsse. Nur selten stößt man auf Abschnitte, in denen Wasserpflanzen, etwa Seerosengewächse, den Biotopen ein völlig anderes Aussehen verleihen. Felsen – oft regelrechte »Unterwasser-Steinwüsten«, optisch bestenfalls dadurch aufgelockert, daß irgendwo ein umgestürzter, abgestorbener Baum

11

vom Wasser herbeigetragen worden ist, der sich am Ufer mit seinen Wurzeln und Ästen verkeilt hat – sind es also, die den Lebensraum der Flußfische Mittelamerikas maßgeblich gestalten. Allen voran sind es Buntbarsche, Cichliden, die diesen Teil der Neuen Welt erfolgreich besiedelt haben. Viele von den rund 100 Arten, die hier leben, haben sich in vielfältiger Weise an ihre felsige Umgebung angepaßt: Felsen liefern ihnen Nahrung, denn auf den Steinen im sonnendurchfluteten, relativ flachen Wasser wachsen Algen, die vielen Arten als Hauptfutter dienen; mit ihren Raspelzähnen weiden sie den Algenbelag regelrecht von den Steinen ab. Felsen sind Reviergrenzen für die zumindest in der Laichzeit territorialen Cichliden, aber auch Versteckplätze, besonders für kleinere, jüngere Tiere, die in den zahlreichen Spalten, Höhlen und Nischen sichere Zuflucht vor Freßfeinden finden. Und Felsen sind schließlich auch Laichsubstrat: Auf der blank geputzten Oberseite der Steine heften die offenbrütenden Arten ihre zahlreichen kleinen Eier an, und in den Höhlen, die entweder aus Steinanhäufungen bestehen oder die in Form von Rissen und Spalten im Laufe der Zeit im verwitterten Gestein entstanden sind, verbergen die höhlenbrütenden Arten ihre Gelege vor Laichräubern. Die Gebirge und der felsige Boden beeinflussen aber noch in anderer Weise die Lebensräume der mittelamerikanischen Süßwasserfische: In vielen Bereichen der Landbrücke besteht der Untergrund aus kalkhaltigem Gestein, wie zum Beispiel in Nordmexiko, oder aus Karst, wie auf der mexikanischen Halb-

insel Yucatan, so daß der Untergrund Härtebildner an die Flüsse abgibt. Die Folge ist, daß das Wasser in solchen Regionen Härtegrade von 30, 40, 50, ja über 60° dH aufweisen kann! Auch auf den Säuregehalt des Wassers wirkt sich die Beschaffenheit des Untergrundes aus. Der pH-Wert liegt nur selten im sauren Bereich, also unter 7; meist bewegt er sich um den Neutralpunkt oder steigt in den alkalischen Bereich (7 bis 8). Das bedeutet, daß die hier lebenden Fische keine »Weichwasserbewohner« sind, wie das etwa für die meisten südamerikanischen Arten gilt, sondern Fische, die es lieber etwas härter und alkalischer mögen, obwohl sich viele von ihnen in dieser Hinsicht recht anpassungsfähig und daher in der Pflege problemlos gezeigt haben.

Ein Wort zu den Temperaturen in mittelamerikanischen Flüssen. Allgemein gilt, daß die Gewässer in höheren Lagen, also die Quellflüsse, niedrigere Temperaturen aufweisen als die Tieflandflüsse im Mündungsgebiet. In der Regenzeit, also bei Hochwasser, wurden in manchen Gebirgsregionen Wassertemperaturen von 16 bis 18°C gemessen, in der Trockenzeit in Küstennähe dagegen Werte von 30, 32 oder gar 35°C! In den extrem kühlen Bereichen kommen normalerweise keine Cichliden und auch nur wenige andere Fische vor, im stark erwärmten Wasser von über 30°C findet man durchaus noch Buntbarsche!

Neben den Buntbarschen gibt es eine weitere Fischfamilie, die die mittelamerikanische Region beinahe ebenso erfolgreich besiedeln konnte: die Lebendgebärenden Zahnkarpfen (Poeciliidae). Diese

– als Aquarienfische bekannten und beliebten – Kärpflinge sind Schwarmfische, die sich bevorzugt in den oberen Wasserschichten, oft unmittelbar unter der Wasseroberfläche, aufhalten, so daß sie revierbesitzenden und daher eher zum Bodengrund orientierten Buntbarschen kaum »ins Gehege kommen«. Das läßt sich auch für das Aquarium nutzen: Nichts spricht dagegen, in einem Aquarium mit mittelamerikanischen Buntbarschen auch einen Schwarm Lebendgebärender zu pflegen. Mitunter erlebt man, daß Cichliden ein wenig scheu sein können. Gesellt man ihnen einen Trupp ständig lebhaft umherschwimmender Poeciliiden hinzu, dann legen sie ihre »Schüchternheit« oft schon nach kurzer Zeit ab! In ähnlicher Weise lassen sich übrigens auch mittelamerikanische Salmler (Characidae) »verwenden«; auch sie kommen in ihren Heimatgewässern in Schwärmen vor, oft sogar in riesigen Verbänden von mehreren hundert oder tausend Tieren, und sie bevorzugen ebenfalls die oberen Wasserschichten, wenn nicht sogar die unmittelbare Oberflächennähe. Hinsichtlich der Artenzahl sind die Salmler in Mittelamerika aber eher spärlich vertreten.

Von den weiteren Fischfamilien, die die felsigen Flußbiotope der mittelamerikanischen Landbrücke besiedeln, seien hier nur einige kurz genannt. Freiwasserbewohner und Schwarmfische sind Bergäschen (Agonostomidae), die für die Aquaristik jedoch keine Bedeutung haben. Die lebendgebärenden Hochlandkärpflinge (Goodeidae) bewohnen nur einige begrenzte Areale in Mexiko, vornehmlich im zentralmexikanischen Hochland. Bodenbewohner, die sich auch für die Pflege in einem Mittelamerika-Aquarium eignen, sind verschiedene Grundeln und Welse, in erster Linie Fadenwelse (Pimelodidae). Damit sind die wichtigsten und aquaristisch interessantesten Fischgruppen auch schon genannt.

Einrichtung des Aquariums

Da viele Flußcichliden Zentralamerikas ausgewachsen Gesamtlängen um 30 und mehr Zentimeter erreichen, können hier durchaus Zwei-Meter-Aquarien zum Einsatz kommen. Natürlich gibt es auch mittelamerikanische Cichliden, die man in einem kleineren Aquarium erfolgreich pflegen und züchten kann.

Unabhängig von der Größe des Aquariums ist eine starke, zuverlässige Filteranlage erforderlich. Große Fische fressen mehr als kleine, und entsprechend größer sind auch die Mengen der anfallenden Stoffwechselprodukte. Mit leistungsstarken Kreiselpumpen betriebene Mehrkammer-Innenfilter haben sich genausogut bewährt wie große Schaumstoffinnenfilter, die ebenfalls mit einer starken Kreiselpumpe oder mit einer unter Wasser einsetzbaren Tauchkreiselpumpe betrieben werden. Für welchen Filtertyp man sich auch entscheidet – wichtig ist neben der gründlichen Reinigung des Aquarienwassers auch die Sauerstoffversorgung: Am besten leitet man den Strahl des Filterauslaufs so in das Aquarium, daß die Wasseroberfläche kräftig bewegt wird.

Die Wassertemperatur stellen wir auf 26

bis 27°C ein. Für die Beleuchtung reichen, je nach der Größe des Aquariums, zwei oder drei Neonlampen aus.

Bei der Einrichtung spielen Steine natürlich die Hauptrolle. Es gibt verschiedene Gesteinssorten, die in Frage kommen, zum Beispiel Sandstein oder Schiefer. Wichtig ist, daß man auf Steine mit unbekannten oder unnatürlich wirkenden Zeichnungen und Einschlüssen verzichtet. Auch sieht ein Aquarium, das mit nur einer Gesteinsart eingerichtet wurde, natürlicher aus als eines, in dem sich ein Sammelsurium der unterschiedlichsten Gesteine wiederfindet. Schließlich sei noch darauf geachtet, daß die Steine so angeordnet werden, wie sie auch in der Natur geschichtet sind: Entweder herrschen horizontale oder aber vertikale Strukturen vor. Auch hier wirkt ein buntes Durcheinander eher unnatürlich. Die einzelnen Steine werden unmittelbar auf der Bodenscheibe des Aquariums aufgebaut, nicht etwa auf der Kies- oder Sandschicht. So können sie von grabenden Fischen nicht unterminiert werden. Man achte peinlich darauf, daß für hoch aufgeschichtete Steine keine Einsturzgefahr droht; sicherheitshalber kann man einzelne große Steine auch mit etwas Silikon fest zusammenkleben.

Wie man die Steinaufbauten im einzelnen gestaltet, ist eine Frage des eigenen Geschmacks, doch sollte man daran denken, daß Revier- oder Sichtgrenzen, Laichsubstrate und Versteckplätze in Form von Höhlen für die Buntbarsche

Steine bilden das wichtigste Dekorationsmittel; im Hintergrund und an den Seiten schaffen sie Reviergrenzen und Laichplätze; einige Wurzeln und robuste Pflanzen lockern die Einrichtung auf. (Zeichnung: Weiss)

entstehen. Ein oder zwei größere, reich verzweigte Moorkienwurzeln lockern die Steindekoration auf und schaffen weitere Reviergrenzen und Unterstände. Es spricht auch nichts dagegen, robuste Pflanzen mit in die Aquariendekoration einzubeziehen, zum Beispiel Riesenvallisnerien, *Anubias* oder Javafarn, auch wenn das nicht »stilecht« oder biotopgerecht ist. Die gesamte Einrichtung läßt sich übrigens um so wirkungsvoller und schöner gestalten, je tiefer das Aquarium ist!

Vorschläge für den Fischbesatz

Je nach Aquariengröße können wir zwei oder drei verschiedene Cichlidenarten einsetzen, jeweils ein Paar. In der Regel empfiehlt es sich, je eine Gruppe von sechs bis acht Jungfischen heranwachsen zu lassen, aus der sich dann mit dem Eintreten der Geschlechtsreife die Paare selber zusammenfinden. Für die freie mittlere und obere Wasserregion kann man einen Schwarm Lebendgebärender einsetzen, zum Beispiel Schwertträger und Platys (*Xiphophorus*), Mollys (*Poecilia*) oder auch Leuchtaugenkärpflinge (*Priapella*). Salmler (*Astyanax*) sind eine hübsche Alternative, leider jedoch viel schwieriger im Zoofachhandel zu beschaffen. Die Bodenregion kann von einigen Fadenwelsen (*Rhamdia* oder *Pimelodella*) bewohnt werden.
Die weitaus meisten zentralamerikanischen Buntbarsche sind Offenbrüter. Höhlenbrütende Arten oder solche, die auf einer Entwicklungsstufe zwischen Offen- und Höhlenbrüter stehen, sind seltener. Hier können aus beiden Gruppen nur einige kleinere Arten stellvertretend für die gesamte Familie vorgestellt werden.
Die Buntbarsche der Gattung *Thorichthys* sind Offenbrüter, die maximal 15 Zentimeter lang werden. Ein altbekannter Aquarienfisch aus dieser Gattung ist der Rotbrust- oder Feuermaulbuntbarsch, *T. meeki,* aus Südmexiko und Guatemala. Diese sehr farbenprächtigen Cichliden bewohnen bevorzugt das flachere Wasser der Flußufer, wo sie in der Trockenzeit mancherorts regelrechte Brutkolonien gründen: Die Reviere der einzelnen Paare haben oft nur einen Durchmesser von weniger als einem Meter. Dann kann man die Fische dabei beobachten, wie sie sich an den Reviergrenzen ständig gegenüberstehen und mit abgespreizten Kiemendeckeln und gesenktem Mundboden androhen. Schwimmen die Jungfische einmal frei, wechseln sie häufig von einem Revier in das andere, von einem Paar zum anderen, wo sie ohne weiteres »adoptiert« werden. Pflegt man in einem Aquarium mit einer größeren Bodenfläche mehrere *Thorichthys*-Paare, dann kann man dieses faszinierende Verhalten ebenfalls sehr schön verfolgen. Acht *Thorichthys*-Arten sind derzeit bekannt. Von ihnen werden neben *T. meeki* gelegentlich noch *T. ellioti* aus Südmexiko und der Goldbuntbarsch, *T. aureus,* aus Guatemala und Honduras im Zoofachhandel angeboten. Es soll aber nicht verschwiegen werden, daß die *Thorichthys*-Arten in der Pflege etwas heikler sind als andere mittelamerikanische Cichliden: Auf

Wasserverschmutzung und falsche Ernährung (als Insektenfresser vertragen sie keine eiweißreiche Kost, wie etwa Rinderherz) reagieren sie viel empfindlicher als zum Beispiel die *Paratheraps.* Auch sind *Thorichthys*-Jungfische, wenn sie zum erstenmal frei schwimmen, viel kleiner als die Jungen anderer Arten, so daß sie oft nicht in der Lage sind, *Artemia*-Nauplien von Anfang an zu fressen. *Paratheraps* sind 20 bis 30 Zentimeter lange hochrückige, fast scheibenförmige Buntbarsche und sehr farbenprächtig und schwimmfreudig. Sie sind Allesfresser, die zu einem erheblichen Teil auch Pflanzen, genauer Algen, zu sich nehmen. Auch sie sind Offenbrüter und gehen im Aquarium meist eine feste Paarbindung ein.

Höhlenbrüter sind die kleineren, gut zehn Zentimeter großen *Archocentrus* aus Guatemala bis Panama. Bei ihnen sind die Weibchen anders gefärbt als die Männchen, oft viel bunter, besonders am Bauch. Bekanntester Vertreter ist der Zebra- oder Grünflossenbuntbarsch, »*Cichlasoma*« *nigrofasciatum*, aus Guatemala bis Costa Rica. Auch diese Fische gehen eine feste Paarbindung ein und unterscheiden sich hinsichtlich ihrer Brutpflege – bis auf die Wahl des Laichsubstrates – nicht von anderen mittelamerikanischen Buntbarschen. »*Cichlasoma*« *spilurus* aus Guatemala und Honduras und »*C.*« *sajica* aus Costa Rica sind zwei weitere Arten, die neben dem Zebracichliden gelegentlich im Zoofachhandel angeboten werden.

Besonders schöne und interessante, leider aber nur selten erhältliche Höhlenbrüter sind die drei Arten der Gattung *Theraps*, von denen hier nur der aus einem kleinen Gebiet in Südmexiko stammende *T. coeruleus*, der Blaue Buntbarsch, vorgestellt werden soll. Alle *Theraps* sind rheophile, das heißt strömungsliebende Fische, die schnell fließende Flüsse bewohnen. Ihre schlanke Körperform weist bereits auf diese Lebensweise hin. *Theraps coeruleus* laichen in engen Löchern in lehmigen Flußufern oder in Spalten zwischen Steingeröll, das den Bodengrund ihrer Heimatgewässer bildet. Wie bei vielen anderen Höhlenbrütern sind auch bei *T. coeruleus*, der nur gut zwölf Zentimeter lang wird, die Geschlechter unterschiedlich gefärbt: Männchen sind gräulich und zeigen viele kleine schwarze Tüpfel auf Kopf- und Körperseiten; Weibchen haben keine Tüpfel, weisen aber in der Rückenflosse und auf dem Bauch himmelblaue Farben auf, die ja auch zu ihrem Namen geführt haben (lat. *coeruleus* = himmelblau). Während der Balz

Flüsse Mittelamerikas
Oben: Viele Flüsse Mittelamerikas führen klares Wasser, das relativ schnell über Geröll und Felsen fließt; das Foto zeigt den Rio de la Sierra, einen Zufluß des großen Rio Grijalva, Südmexiko.

Unten: Ausschnitt aus einem Zwei-Meter-Aquarium, das speziell für mittelamerikanische Buntbarsche eingerichtet wurde; wichtigste Dekorationselemente sind Steine und Moorkienwurzeln. Bei dem Fisch handelt es sich um den Schwarzgürtelbuntbarsch, *Paratheraps maculicauda*. (Fotos: Stawikowski)

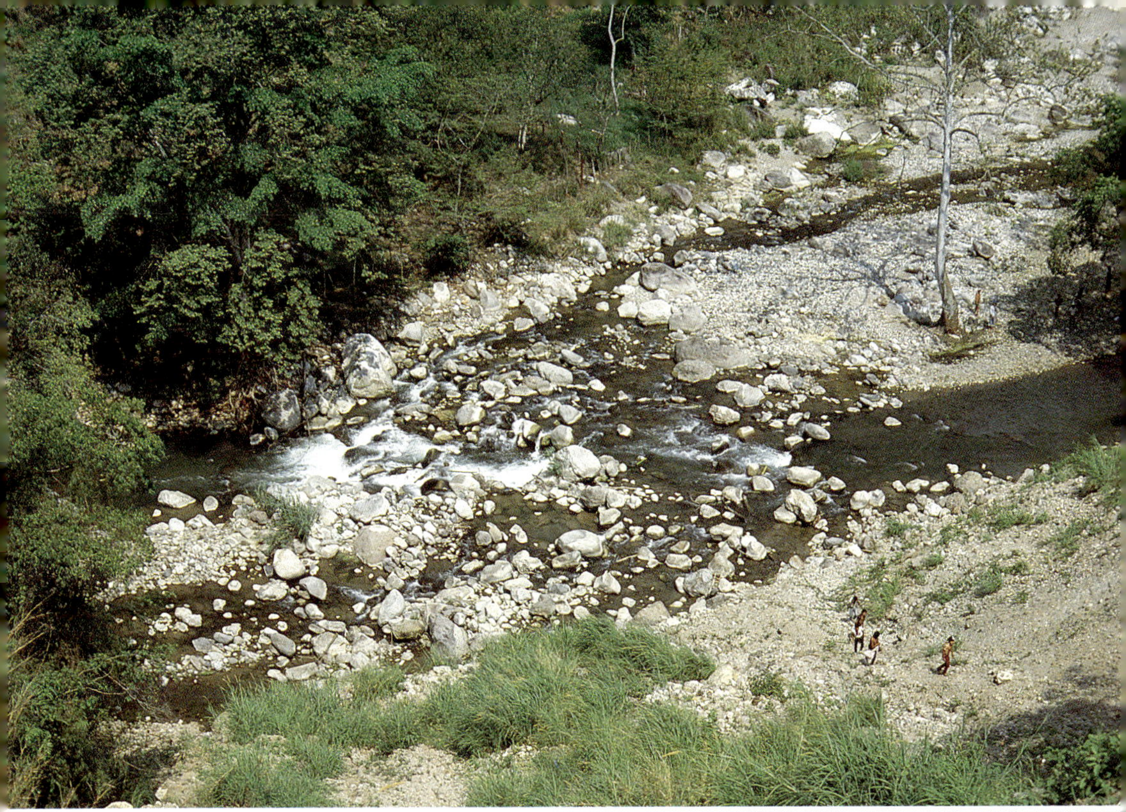
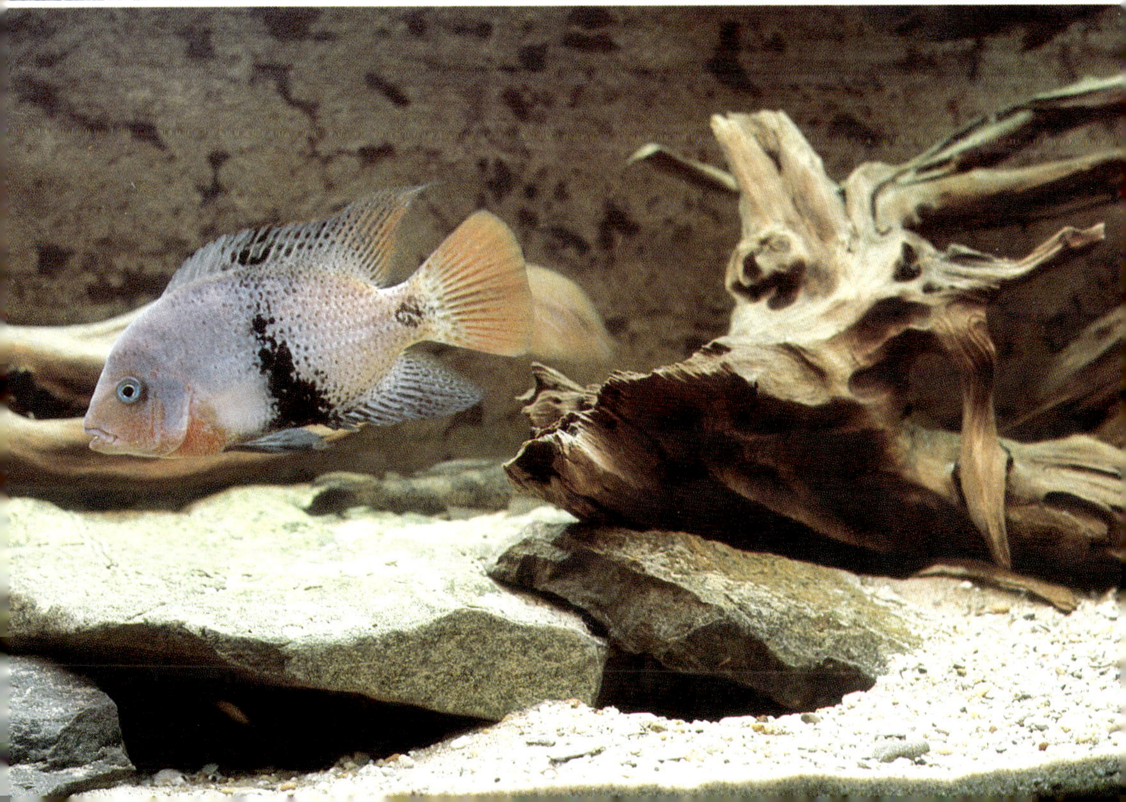

zeigen die Weibchen auf den Körperseiten kreisrunde, silberne Flecke, und wenn die Jungfische frei schwimmen, erstrahlen beide Eltern in einem hellen Weißblau, von dem sich die senkrechten tiefschwarzen Binden kontrastreich abheben. Allein der Farbwechsel macht den Blauen Buntbarsch zu einem sehr schönen und äußerst interessanten Aquarienpflegling.

Bauchrutscher und Bodenhüpfer: Fische aus Stromschnellen

Der natürliche Biotop und seine Bewohner

Dort wo Fließgewässer größere Höhenunterschiede zu überwinden haben, besonders in den Gebirgslagen und in den Quellregionen, stößt man häufig auf Abschnitte, in denen das Wasser mit hoher Geschwindigkeit über kleinere Wasserfälle und Stromschnellen dahin-

Stromschnellen
Oben: Viele der Flüsse, die das brasilianische Hochland und den Guyana-Schild entwässern, weisen Stromschnellen auf (Rio Amapá Grande).
Kleines Foto: Ein rheophiler (= strömungsliebender) Zwergbuntbarsch aus Südamerika, *Teleocichla monogramma*, in seinem natürlichen Lebensraum.

Unten: *Teleocichla monogramma*, Paar im Aquarium; ausgewachsen messen diese Winzlinge gerade knapp sechs Zentimeter. (Fotos: Stawikowski)

schießt. Mitunter ist die Strömung in solchen Bereichen so stark, daß man nur unter großen Schwierigkeiten in das Wasser steigen kann, um Fische zu beobachten und zu fangen. Gelingt es einem aber, den Kopf mit Taucherbrille und Schnorchel unter die Wasseroberfläche zu stecken, dann entdeckt man Fische, die sich in höchst bemerkenswerter Weise an diesen geradezu lebensfeindlich anmutenden Lebensraum angepaßt haben.

Meist ist das Wasser in strömungsreichen Abschnitten in höheren Gebirgslagen um einige Grade kühler als in tiefer gelegenen Regionen, wo die Fließgeschwindigkeit bereits stark nachgelassen hat. Auch der Sauerstoffgehalt unterscheidet sich von anderen Gewässertypen: Durch die starke Bewegung des Wassers und die damit einhergehende Luftverwirbelung ist das Wasser in Stromschnellen oder unterhalb von Wasserfällen sehr sauerstoffreich. Beide Parameter – relativ niedrige Temperaturen und hohe Sauerstoffsättigung – spielen eine wesentliche Rolle im Leben der hier vorkommenden Fische: Die meisten Arten, die strömungsreiche Gewässer als ihren Lebensraum erobert haben, sind nur schwer in der Lage, in anderen Biotopen zu überleben; das muß auch bei ihrer Pflege im Aquarium beachtet werden.

Die Klarheit des Wassers in solchen Strömungsbiotopen kann sehr unterschiedlich sein, je nachdem, welcher Untergrund und welches Gestein die Landschaft prägen. Handelt es sich um altes, verwittertes Urgestein, das keine Sedimente mehr abgibt, wie zum Beispiel auf dem Guyanaschild oder im zentralen brasilianischen Hochland, dann ist das Wasser mehr oder weniger klar, mit Sichtweiten von mehreren Metern. Aber auch in anderen Gewässertypen, zum Beispiel »Weißwasser« oder »Schwarzwasser«, gibt es Abschnitte mit hoher Strömungsgeschwindigkeit, Stromschnellen und Wasserfällen.

Wohl immer kennzeichnen Felsen den Untergrund und die Ufer solcher schnell fließenden Gewässer. Je nach der vorherrschenden Gesteinsart können Boden und Ufer aus glatten, rundgeschliffenen Felsen bestehen, aber auch aus rauhem, zerklüftetem und scharfkantigem Gestein, etwa vulkanischen Ursprungs. Immer aber bieten die Felsen mit ihren zahlreichen Löchern, Höhlen, Nischen und Spalten einen reich gegliederten Lebensraum für die hier vorkommenden Fische. Schaut man genau hin, dann entdeckt man in und zwischen den Steinen eine Fülle von unterschiedlichen Bewohnern: Nicht nur Fische sind

es, die hier hausen, sondern auch »Niedere Tiere«, wie Krebse, Schnecken, Schwämme, Würmer und andere. Sie bilden auch einen wichtigen Teil der Nahrungsgrundlage der hier lebenden Fische.

Bei genauem Betrachten zeigt sich, daß die meisten Fische, die in strömungsreichen Flußabschnitten leben, sich meist nicht in der stärksten Strömung aufhalten, sondern an geschützteren Stellen: im Strömungsschatten hinter und zwischen größeren Felsen im Flußbett oder in den vielen Ritzen und Hohlräumen im Uferbereich, wo das Wasser ebenfalls schwächer strömt und auch flacher ist. Auch der in bester Weise an ein Leben in reißendem Wasser angepaßte Fisch kann auf die Dauer nicht in der Lage sein, sich der größten Wasserströmung auszusetzen. Dazu reicht seine Kraft nicht aus; über kurz oder lang würde er von dem schnell fließenden Wasser einfach fortgespült.

Rheophilen (strömungsliebenden) Fischen sieht man schon auf den ersten Blick an, daß sie für ein Leben in schnell fließendem Wasser gut »ausgestattet« sind. Viele Arten, gleich aus welchen Familien, haben keine voll funktionsfähige Schwimmblase mehr. So wirken ihre Schwimmbewegungen unbeholfen; sie »hüpfen« über den Boden, oder sie bewegen sich rutschend oder schlängelnd fort. Auch sind sie kaum in der Lage, sich längere Zeit frei schwebend in höheren Wasserschichten aufzuhalten: Mit ungelenk wirkenden, kräftigen Paddelbewegungen der meist großen Brustflossen »hängen« sie mühsam zwischen Bodengrund und Wasseroberfläche.

Stromschnellen

Die meisten rheophilen Fische sind mehr oder weniger schlank gebaut, stromlinienförmig, oft mit abgeflachtem Körper, so daß sie der Strömung möglichst wenig Widerstand bieten. Schließlich gibt es noch morphologische Besonderheiten, die es den Fischen ermöglichen, in ihrer speziellen Umgebung zu überleben: Manche Welse besitzen zu einer Saugscheibe umgebildete Mäuler, mit denen sie sich auch in stärkster Wasserströmung am Untergrund festhalten können, manche Grundeln haben ähnliche Saugorgane, die jedoch aus den zusammengewachsenen Bauchflossen gebildet sind. Auch können manche Fische ihre vergrößerten Brust- und Bauchflossen als »Lauforgane« benutzen, wenn sie sich im Strömungsschatten fortbewegen, während andere Arten auffällig vergrößerte Bauchflossen besitzen, die ihnen als Stützorgane beim Ruhen auf dem Boden wertvolle Dienste leisten. Bei einigen »Strömungsspezialisten« befinden sich die Augen nicht seitlich am, sondern oben auf dem Kopf. Das ist damit zu erklären, daß mögliche Feinde, für manche Arten auch die Nahrung, von oben kommen.

Wasserpflanzen wird man in solchen Biotopen vergeblich suchen, bis auf wenige Ausnahmen. Im tropischen Westafrika gibt es eine Pflanzengattung, deren Arten zumindest zum Teil unter Wasser wachsen, die eigentlich aber amphibisch leben. Viele Aquarianer kennen und schätzen die robusten *Anubias*-Arten, weil sie sich gut für die Bepflanzung eines mit Steinen dekorierten Aquariums eignen.

Einrichtung des Aquariums

Läßt sich dieser extreme Lebensraum überhaupt in einem Aquarium nachbilden? Ich meine: ja. Und besonders aufwendig ist ein Becken für rheophile Fische auch nicht. Es leuchtet ein, daß ein Stromschnellen-Aquarium eher flach sein sollte. Es darf auch nicht zu kurz sein, denn wir wollen ja ein fließendes Gewässer nachahmen. Am besten wählen wir einen Behälter mit einer Länge von wenigstens 120 oder 150 Zentimetern bei einer Tiefe von 50, besser 60 Zentimetern. Die Höhe kann 40 oder 50 Zentimeter betragen. Wichtigstes technisches Element ist eine starke Kreisel-

Das Speerblatt, *Anubias barteri,* aus Westafrika ist eine relativ genügsame und robuste Wasserpflanze. (Zeichnung: Golte-Bechtle)

21

Stromschnellen

pumpe, mit der wir eine kräftige Wasserströmung erzeugen. Sie kann in Verbindung mit einem Filter, aber auch zusätzlich, also nur zur Wasserbewegung, eingesetzt werden. Die Temperatur stellen wir auf 23 oder 24°C ein. Da wir auf eine Bepflanzung verzichten oder die unempfindlichen *Anubias* einsetzen, können wir das Aquarium ruhig etwas »schummeriger« beleuchten; das sagt vielen Fischen, besonders wenn sie in Höhlen oder dunklen Unterständen »hausen«, durchaus zu!

Als Bodengrund bringen wir eine mehrere Zentimeter hohe Schicht aus Kies oder einem Gemisch aus Kies und Sand ein. Der Kies darf eine recht grobe Körnung haben (acht bis zehn Millimeter, einzelne Kiesel auch größer). Wichtigstes Gestaltungselement sind Steine. Wir achten wieder darauf, nur eine Gesteinsart und kein »Sammelsurium« möglichst vieler Gesteinssorten zu ver-

Auch in einem „Stromschnellen-Aquarium" sind Steine ein wichtiges Gestaltungsmittel, mit dem wir zahlreiche verschieden große Höhlen als Versteckplätze und Laichsubstrate schaffen; der Boden besteht aus Kies. (Zeichnung: Weiss)

wenden. Wollen wir einen Gebirgsbach nachempfinden, dann können wir mit einzelnen größeren Kieselsteinen eine bachbettähnliche Dekoration schaffen. Aber auch Sandsteinplatten, Schiefer und anderes Gestein kommen in Frage. Besonders mit flachen Schiefer- und Sandsteinplatten lassen sich reizvolle und zweckmäßige Uferpartien gestalten: der Natur nachempfundene Felsenbiotope mit vielen Höhlen und Spalten als Versteckplätze, Reviergrenzen und Laichsubstrate für die verschiedenen Fische. Wer will, kann die Steindekoration mit einer Moorkienwurzel etwas auflockern.

Vorschläge für den Fischbesatz

Welche Fische aus Stromschnellen eignen sich für die Pflege im Aquarium? In vielen Familien finden sich Arten, die sich auf das Leben in einer solchen Umgebung spezialisiert haben: Salmler, Karpfenfische, Schmerlen, Grundeln, Welse oder auch Buntbarsche.

Aus strömungsreichen Küstenflüssen Papua-Neuguineas stammt die Pastellgrundel, *Tateurndina ocellicauda,* eine Schläfergrundel aus der Unterfamilie Eleotrinae. Die ungefähr sechs Zentimeter lange Art fällt besonders durch die attraktive Färbung auf: Tiefrote senkrechte Binden verlaufen über die himmelblauen Körperseiten. Rücken-, After- und Schwanzflosse sind hübsch gelb gesäumt. Weibchen sind insgesamt etwas farbloser. Nach Freilandbeobachtungen halten sich die Pastellgrundeln in ihren Heimatgewässern bevorzugt im Strömungsschatten größerer Felsen auf. Sie laichen in Höhlen, und das Männchen bewacht die mit einem Haftfaden versehenen Eier. Bei 21 bis 23 °C schlüpfen die Larven nach rund neun Tagen. Sie sind in der Lage, frisch geschlüpfte *Artemia*-Nauplien als erstes Futter anzunehmen. Pastellgrundeln lassen sich, da sie zu den kleineren Fischen gehören, auch in weniger großen Aquarien pflegen. In einem geräumigen Stromschnellen-Aquarium kann man sie gut mit anderen Fischen vergesellschaften. Dazu eignen sich zum Beispiel verschiedene Regenbogenfische, mit denen sie auch in ihrer Heimat zusammen vorkommen. Arten wie *Me-*

lanotaenia affinis, M. goldiei, M. maccullochi oder *M. herbertaxelrodi* sind ebenfalls Flußbewohner Papua-Neuguineas. In einem größeren Schwarm gepflegt, bewohnen sie den freien Schwimmraum des Aquariums, wo sie mit ihren bunten Farben ein herrlicher Blickfang sind.

Aus den Stromschnellenbiotopen des westafrikanischen Zaire River wurden schon vor vielen Jahren verschiedene Fische zu uns importiert, von denen einige inzwischen bekannte Aquarienbewohner geworden sind. In erster Linie sind das verschiedene Buntbarsche aus den Gattungen *Steatocranus, Lamprologus* und *Teleogramma.* Wohl jeder Aquarianer kennt den Buckelkopfbuntbarsch, *Steatocranus casuarius,* der zum erstenmal in den 60er Jahren eingeführt wurde. Mit seiner auffälligen Gestalt und seinen bescheidenen Pflegeansprüchen hat dieser Fisch einen festen Platz im Zierfischsortiment des Zoofachhandels erobert. Buckelkopfcichliden werden rund zehn Zentimeter lang, wobei die Weibchen noch ein Stück kleiner bleiben. Farblich haben diese Fische gar nicht soviel zu bieten: Graue und braune Töne herrschen vor, lediglich das türkisfarbene Auge fällt auf. Imposant wirken ausgewachsene Männchen, da sie einen gewaltigen Höcker auf ihrer Stirn bekommen, der ihnen auch zu ihrem Namen verholfen hat. Buckelkopfcichliden sind sehr gut an ein Leben in Stromschnellen angepaßt: Ihre Bauchflossen sind zu kräftigen Stützorganen umgebildet, und ihre Schwimmblase ist zurückgebildet und nicht mehr voll funktionsfähig. Die Fische sind Höhlenbrüter; Männchen und Weibchen gehen eine Paarbindung ein und besetzen gemeinsam eine Höhle, in der sie laichen und später auch ihre Brut betreuen.

Weitere Cichliden aus dem Zaire River, die sich in ähnlicher Weise pflegen und züchten lassen, sind der Quappenbuntbarsch, *Teleogramma brichardi*, oder die gelegentlich eingeführten *Lamprologus*-Arten. Inzwischen sind aber auch weitere *Steatocranus*-Arten bekannt geworden, darunter der nur sechs Zentimeter lange *Steatocranus* cf. *ubanguiensis*. In einem Aquarium der hier beschriebenen Größe kann man vier bis acht dieser Stromschnellencichliden halten, vorausgesetzt, die Einrichtung enthält genügend Versteck- und Laichplätze.

Auch für diese Fische gibt es »Beifische« aus anderen Familien, die weniger bodengebunden leben, sondern sich mehr in den mittleren Wasserschichten aufhalten. Der Kongosalmler, *Phenacogrammus interruptus*, stammt ebenfalls aus dem Stromgebiet des Zaire River. Ein Schwarm von zehn oder mehr ausgewachsenen Exemplaren der herrlich türkisgrünen Fische mit den bei den Männchen schleierartig verlängerten Rücken- und Schwanzflossen ist eine Augenweide! Die bis acht Zentimeter langen Salmler lieben allerdings weiches, leicht saures Wasser. Eine robustere Art aus dem Zaire River ist *Distichodus affinis*, ein Geradsalmler, der ungefähr zwölf Zentimeter lang wird und ebenfalls im Schwarm gepflegt werden sollte. Auch er bevorzugt die freien Wasserzonen und zeigt sich hier als wendiger und lebhafter Schwimmer, der

den mehr bodengebundenen Cichliden nicht in die Quere kommt.

Auch im tropischen Südamerika gibt es Flüsse mit Wasserfällen und Stromschnellen, in denen Buntbarsche leben, die auffällig den westafrikanischen rheophilen Arten ähneln. Sie haben die gleichen Lebensräume erobert, und sie haben sich auch in sehr ähnlicher Weise angepaßt.

Die bemerkenswertesten, bisher jedoch kaum bekannten rheophilen Buntbarsche Südamerikas sind die erst seit 1988 bekannten *Teleocichla*-Arten, die zwar Verwandte der Hechtbuntbarsche sind, aber keine »Raubfische«, sondern harmlose, kleinbleibende Aufwuchs- und Kleintierfresser, die ihre Nahrung mit dem kleinen, unterständigen Maul regelrecht aufpicken. Die meisten dieser höhlenbrütenden, zum Teil recht bunten Arten werden nicht größer als sechs bis sieben Zentimeter. Fast alle *Teleocichla* stammen aus einigen Zuflüssen des Amazonas in Brasilien. Sie bewohnen Klarwasserflüsse in Stromschnellenbereichen, halten sich in der Trockenzeit aber auch in Abschnitten auf, in denen das Wasser beinahe steht und Temperaturen von über 30°C erreicht, so daß man sie als sehr anpassungsfähige, im Aquarium gut haltbare Fische bezeichnen kann. Zuchterfolge liegen bisher leider nur von zwei Arten vor.

Im gleichen Lebensraum findet man verschiedene Salmler, die ebenfalls die strömungsreichen und felsigen Uferbereiche besiedeln. Besonders häufig begegnet man einigen Kopfstehern (Anostomidae). *Anostomus*- und *Leporinus*-Arten gehören zwar zu den größeren

Stromschnellen

Salmlern, sind aber dennoch empfehlenswerte Aquarienpfleglinge, auch wegen ihrer auffälligen und bunten Farbkleider. Sie sind Schwarmfische, die man am besten in einem größeren Trupp von acht bis zehn Exemplaren pflegt. Manche Arten halten sich gern in Spalten zwischen den Felsen auf, andere scheuen auch nicht davor zurück, im freien Wasser zu schwimmen. Einer der bekanntesten Kopfsteher ist der gelbschwarz geringelte *Leporinus fasciatus*, der in weiten Gebieten Amazoniens und in den Guyana-Ländern vorkommt und gut 30 Zentimeter lang wird. Ein geflecktes Kleid zeigt *Leporinus frederici*, der ebenfalls in den Guyanas und in Amazonien verbreitet ist und 30 Zentimeter lang wird.

Aus der Gattung *Anostomus* ist der Prachtkopfsteher, *A. anostomus*, sicher die bekannteste Art. Mit ihrem hübschen Muster aus dunkelbraunen und hellbeigen Längsstreifen gehört sie bei einer Größe von rund 15 Zentimetern zu den beliebten Aquarienfischen. Gelegentlich werden auch Arten wie *A. ternetzi* aus dem Orinoco und dem südöstlichen Amazonien sowie *A. trimaculatus* aus dem Amazonas (knapp 15 Zentimeter Länge) eingeführt. Manche Kopfsteher haben leider die unangenehme Eigenart, an den verlängerten Flossen mancher Fische zu zupfen, so daß man sie besser nicht mit Segelflossern oder *Geophagus*-Arten vergesellschaftet. Bei der gemeinsamen Pflege mit rheophilen und versteckt lebenden Buntbarschen treten solche Probleme aber nicht auf.

Eine weitere Fischgruppe, die mit etlichen Arten in südamerikanischen Stromschnellenbiotopen vertreten ist, sind die Harnischwelse (Loricariidae), von denen im Zusammenhang mit anderen Biotopen noch mehrfach die Rede sein wird. Viele Loricariiden haben sich auf ein Leben in starker Strömung und in Felsenbiotopen spezialisiert. Zu den kleiner bleibenden Arten (bis zehn Zentimeter Gesamtlänge) gehören die in letzter Zeit unter der Gattungsbezeichnung *Peckoltia* importierten Harnischwelse, die aber nicht alle in diese Gattung gehören. Besonders schöne und auffällige Arten sind der Orangesaumwels aus dem Rio Xingú in Brasilien, der tiefschwarze, mit feinen weißen Tüpfeln gezierte *Hopliancistrus tricornis*, der in erster Linie wegen seiner wenigen, aber großen und kräftigen, abspreizbaren Hakenstacheln an den Kopfseiten auffällt, der noch nicht beschriebene sogenannte »Zebrawels« oder auch die verschiedenen quergestreiften Arten aus der Verwandtschaft um *Peckoltia pulchra* und *P. vittata*. Von allen diesen kleiner bleibenden Arten lassen sich jeweils mehrere Exemplare im Aquarium pflegen. Man beachte jedoch, daß diese Fische dieselben Versteckplätze bevorzugen wie rheophile Cichliden, in dieser Hinsicht also Konkurrenten sind!

Etwas größer werden verschiedene Loricariiden, die den Gattungen *Parancistrus*, *Lasiancistrus* usw. zugerechnet werden. *Parancistrus aurantiacus* aus dem Rio Tocantins, Brasilien, und *Lasiancistrus niger*, der nördlich des Amazonas bis zum Oiapoque in Französisch-Guyana vorkommt, sind zwei Beispiele.

Flußufer mit Fallaubansammlungen

Der natürliche Biotop und seine Bewohner

Von der Quelle bis zur Mündung verändert ein Fluß immer wieder sein Gesicht. Erst ein reißender Gebirgsbach, dann ein mächtig fließender, großer Strom, kann er im Tiefland, nicht mehr weit von seiner Mündung, ein träger und breiter Wasserlauf geworden sein, dessen Fließgeschwindigkeit merklich nachgelassen hat. Doch nicht nur Breite und Tiefe, Strömungsgeschwindigkeit und Klarheit des Wassers werden von der Landschaft, durch die ein Fluß fließt, geprägt, sondern in erheblichem Maße auch seine Ufer: Die felsigen Ufer des Gebirgsbaches sehen völlig anders aus als die breiten Sandstrände oder die schlammigen Überschwemmungsflächen eines Tieflandstromes. Derart verschiedene Uferbereiche sind Lebensräume ganz unterschiedlicher Fischgesellschaften.

Besonders reich an Fischen – bezüglich der Arten- und der Individuenzahl – sind solche Uferzonen, an denen die Fließgeschwindigkeit des Wassers geringer ist, weil natürliche Hindernisse die Strömung bremsen, wie es etwa in kleineren Einbuchtungen oder im Strömungsschatten von Felsen, im freigespülten Wurzelwerk von Uferbäumen oder hinter und unter ins Wasser gestürzten Bäumen und Sträuchern der Fall sein kann. In solchen Uferabschnitten lagern sich nicht selten abgestorbene Äste und

Zweige, vor allem aber die herabgefallenen Blätter von Laubbäumen ab. Mitunter findet man hier auch submers wachsende Pflanzen oder verhältnismäßig dichte Polster von grünen Fadenalgen.

Das auf Seite 35 wiedergegebene Unterwasserfoto zeigt einen kleinen Ausschnitt aus einem solchen Biotop. Das Bild entstand in einem größeren Fluß, der nördlich des Amazonas zum Atlantischen Ozean fließt (Rio Amapá, Brasilien); ein ähnliches Foto hätte aber auch im zentralen Amazonien, im südlichen Südamerika, in einem Strom Südostasiens oder in einem westafrikanischen Flußlauf aufgenommen werden können.

Doch betrachten wir diesen Uferabschnitt des Amapá dennoch etwas näher, denn er ist ein Beispiel für einen interessanten Lebensraum, der sich mit wenigen Hilfsmitteln im Aquarium gut nachgestalten läßt.

Wie aus dem Foto ersichtlich, ist das im unmittelbaren Uferbereich nur wenige Dezimeter tiefe Wasser relativ klar. Die Strömungsgeschwindigkeit ist nicht sehr hoch; das Foto wurde in einer kleinen Einbuchtung des Flußufers, also in einer Stillwasserzone, aufgenommen. Die Temperatur beträgt 26 °C, und die chemische Wasserbeschaffenheit entspricht den Werten, wie man sie in dieser Region Südamerikas in fast allen Gewässern mißt: pH-Wert um 6, Karbonathärte und Gesamthärte unter 1 °dH.

Flußufer mit Fallaub

Der Untergrund besteht aus hellem Sand mit einer Körnung von ein bis zwei Millimetern. Stellenweise bedecken Fallaubansammlungen den Boden; diese »Laubinseln« haben Durchmesser bis zu einem Meter und bieten zahlreichen kleinen Fischen ideale Versteckmöglichkeiten. Auf und zwischen den Laubbereichen wachsen mehr oder weniger dichte, grüne, langfädige Algen, die zu einer weiteren Untergliederung dieses Lebensraumes beitragen. Gelegentlich sind auch kleine Holzstückchen zu finden, die sich auf dem Bodengrund abgelagert haben.

In diesem Uferabschnitt kann man folgende Fische beobachten: Im freien Wasserraum oberhalb der Laubbereiche und Algenpolster ziehen Schwärme verschiedener Salmler ihre Bahnen (*Hyphessobrycon, Hemigrammus* und weitere Gattungen mit kleiner bleibenden Arten). Auf dem Boden, zwischen den Blättern und Algen, sieht man vereinzelt Fadenwelse (*Pimelodus, Rhamdia*), auf freien Sandflächen Hexenwelse (*Loricaria*) und Panzerwelse (*Corydoras*), gelegentlich auch kleinere Messerfische (wohl *Eigenmannia*). Die auffälligsten Fische sind in diesem Biotop jedoch verschiedene Cichliden: Größere Laubansammlungen dienen Hechtbuntbarschen (*Crenicichla* cf. *saxatilis*) als Revierzentren und Brutterritorien; in größeren Abständen zueinander bewachen Paare ihre schon frei schwimmenden Jungfische. Wahrscheinlich benutzen diese Buntbarsche die Laubhaufen auch als Laichsubstrate. Junge bis halbwüchsige *Krobia* (das sind Cichliden der *Aequidens*-Verwandtschaft) halten sich einzeln, aber auch in kleineren Gruppen ebenfalls über und zwischen dem Fallaub auf, genauso wie heranwachsende Erdfresser (*Geophagus*), die aber weniger häufig auftreten. Die spitzköpfigen Erdfresser (Gattung *Satanoperca*) bevorzugen dagegen eher die freien Sandflächen, auf denen sie in der für sie typischen Weise, den Kopf bis zu den Augen in den Bodengrund stoßend, nach Nahrung suchen. Direkt in den Fallaubansammlungen lebt eine weitere Cichlidenart, ein Zwergbuntbarsch: *Crenicara punctulatum*, ein Schachbrettcichlide, findet hier offenbar eine ideale Umgebung, um sich fortzupflanzen. Beinahe in jeder Laubansammlung »wohnt« eine Gruppe aus zwei bis vier *Crenicara*. Die Laubhaufen mit den unübersichtlichen dunklen Hohlräumen bieten diesen Substratbrütern sichere Unterschlupfmöglichkeiten und geeignete Laichsubstrate. Darüber hinaus dürften die Zwergbuntbarsche in diesem Biotop ein reiches Nahrungsangebot finden, denn die Fallaubbereiche sind zugleich der Lebensraum für eine Vielzahl von Kleintieren, zum Beispiel Insekten und deren Larven.

Einrichtung des Aquariums

Der beschriebene Biotop läßt sich in einem Aquarium recht einfach nachgestalten. Das Becken sollte eine Grundfläche von 100 x 40 (besser 50) Zentimetern haben; die Höhe ist weniger wichtig, sollte aber mindestens 40 Zentimeter betragen. Folgendes technische Zubehör ist erforderlich: Regelheizer (150 bis

250 Watt, je nach Aquarienvolumen), Filter (motorbetriebener oder luftbetriebener Innenfilter, kreiselpumpenbetriebener Topfaußenfilter), Beleuchtung (Abdeckung mit zwei Leuchtstoffröhren à 18 Watt).

Zur Aquariengestaltung werden benötigt: Sand (oder feiner Kies), Körnung ein bis zwei Millimeter, eine oder zwei reich verzweigte Moorkienwurzeln, Eichen- oder Buchenlaub. Außerdem können wir einige Wasserpflanzen verwenden (gut geeignet – wenn auch nicht ganz biotopgerecht – sind Indischer Wasserfreund, *Hygrophila polysperma*, und Javamoos, *Vesicularia dubyana*). Den Bodengrund (Sand, Kies oder ein Gemisch aus beidem) bringen wir in einer Höhe von fünf bis sechs Zentimetern in das Aquarium ein; wir lassen ihn zur Rückseite leicht ansteigen. An den Seitenwänden und im Hintergrund pflanzen wir die Wasserfreundstecklinge. Mit dem Javamoos lassen sich die im geschilderten Biotop vorkommenden Algenbüschel imitieren. Beide Pflanzenarten bieten den Vorteil, daß sie zu den anspruchslosen und relativ schnellwüchsigen Wasserpflanzen zählen.

Die Moorkienwurzeln werden ebenfalls in den Rand- und/oder Hintergrundbereichen des Aquariums untergebracht. Sie sollten nicht zu groß und wuchtig sein, da sie sonst zu sehr von den anderen Dekorationsmitteln ablenken. Die Eichen- oder Buchenblätter (keine frischen verwenden, sondern getrocknetes Herbstlaub, das vor dem Einbringen in das Aquarium kurz überbrüht wird)

Zentrales Dekorationsmittel ist eine großflächige, mehrere Zentimeter dicke Schicht aus abgestorbenen Eichen- oder Buchenblättern; in diesem Fallaub finden kleine Fische Versteck- und Ablaichplätze. (Zeichnung: Weiss)

stellen in der sonst freigehaltenen mittleren Zone des Aquariums die Fallaubansammlungen des nachgeahmten Biotops dar. Es empfiehlt sich, eine mehrere Zentimeter hohe Lage von Blättern einzubringen, damit Versteckplätze und verborgene Laichplätze entstehen. Übrigens wirkt sich das Laub positiv auf den pH-Wert des Aquarienwassers aus; die abgegebenen Huminsäuren bewirken bei neutralem Ausgangswasser eine leichte Ansäuerung.

Vorschläge für den Fischbesatz

Als »Hauptakteure« bieten sich Zwergcichliden an. Unabhängig von der ausgewählten Art setzt man zunächst am besten eine Gruppe von sechs bis zehn Jungfischen ein. Wenn die Tiere nach einiger Zeit geschlechtsreif geworden sind, beginnen sie damit, Reviere zu beanspruchen, in denen sie später auch laichen. Je nach Art wird man dann die Bildung von Paaren oder größeren Fortpflanzungsverbänden (Harem) beobachten können. Hat man sich für den Schachbrettcichliden *Crenicara punctulatum* entschieden, wird man mit ein wenig Glück den höchst interessanten Geschlechtswechsel dieser Art verfolgen können: Alle *C. punctulatum* sind nämlich zuerst Weibchen, und gewöhnlich wandeln sich in einer Gruppe von sechs bis zehn Tieren nur ein oder zwei Individuen zu fortpflanzungsfähigen Männchen um. Als Laichsubstrat bevorzugen diese Zwergcichliden auch im Aquarium Pflanzenblätter; das können sowohl das Buchen- oder Eichenlaub als auch die Blätter einer lebenden Pflanze sein. Auch die Brutpflege läßt sich in dem hier beschriebenen Aquarium beobachten. Das Weibchen betreut das Gelege, dann die geschlüpften Larven, die oft jedoch so gut versteckt werden, daß der Pfleger sie kaum zu Gesicht bekommt, und schließlich die frei schwimmenden Jungfische. Übrigens gehört *C. punctulatum* hinsichtlich seiner Anforderungen an die chemische Wasserbeschaffenheit zu den anspruchsloseren Arten; bei mir gelang die Zucht auch in Leitungswasser mit einer Gesamthärte von 16 °dH und einem pH-Wert um den Neutralpunkt.

Natürlich kann man in dem beschriebenen Aquarium auch andere Zwergbuntbarsche pflegen, zum Beispiel eine *Apistogramma*-Art. *Apistogramma* sind Höhlenbrüter, die ihre Gelege nicht auf, sondern unter einem Blatt im Fallaub anheften. Auch bei ihnen hat das Weibchen allein die Aufgabe, das Gelege, die Larven und die frei schwimmende Brut zu behüten. Bei vielen Arten kann man – vorausgesetzt, das Aquarium hat eine ausreichend große Grundfläche – eine ausgesprochene Haremsbildung feststellen: Ein Männchen beansprucht ein relativ großes Territorium, in dem sich mehrere Weibchen ansiedeln; in deren kleineren Revieren befinden sich die Laichhöhlen. – Es sieht sehr schön aus, wenn ein oder mehrere *Apistogramma*-Weibchen ihr zitronengelbes Brutpflegekleid angelegt haben. Mit dem tiefen Braun der Laubblätter und dem satten Grün der Pflanzen ergeben sich eindrucksvolle Kontraste, die ein solches

Aquarium zu einer wahren Augenweide werden lassen!

Weitere Zwergbuntbarsche, die sich für die Pflege in diesem Aquarium eignen, sind die Arten der Gattungen *Nannacara*, *Laetacara*, *Papiliochromis* oder *Taeniacara*. Allerdings stellt die zuletzt genannte Gattung höhere Ansprüche an die Wasserbeschaffenheit (das Wasser sollte möglichst weich und sauer sein).

Der weitere Fischbesatz kann sich aus kleineren Salmler-, Harnischwels- und Panzerwelsarten zusammensetzen. Ein Schwarm aus 10 bis 20 Salmlern trägt wirkungsvoll zur Belebung der mittleren und/oder oberen Wasserschicht bei. Im gutsortierten Zoofachhandel kann man unter einer Vielzahl geeigneter Arten wählen. Von den Engmaulsalmern bieten sich verschiedene der golden, rot, beigefarben und schwarz längsgestreiften *Nannostomus*-Arten an, die sich bevorzugt in den mittleren Bereichen des Aquariums aufhalten. Gleiches gilt für die vielen regelmäßig angebotenen Arten der Gattungen *Hyphessobrycon*, *Hemigrammus*, *Moenkhausia* oder *Paracheirodon*. Will man die unmittelbare Oberfläche beleben, kann man acht bis zwölf Beilbauchsalmler (Gattungen *Gasteropelecus* und/oder *Carnegiella*) einsetzen (Aquarium gut abdecken!). Nebenbei bemerkt, wirkt ein Fischschwarm, der aus nur ein oder zwei Arten besteht, immer natürlicher als ein möglichst buntes Gemisch vieler verschiedener Arten!

Den Bodengrund kann man sehr gut mit einigen kleinen Welsen besiedeln. Panzerwelse, *Corydoras*, die man am

Ein Pärchen Panzerwelse, *Corydoras paleatus*, beim Ablaichen. Sie heften ihre Eier gerne an die Unterseite von Pflanzenblättern oder an die Scheiben des Aquariums. (Zeichnung: Sommer)

besten ebenfalls in einem Trupp pflegt (sechs oder mehr Tiere), sind tagsüber aktiv und – je nach Art – recht schwimmfreudig, so daß sie das »Erdgeschoß« im Aquarium im wahrsten Sinne des Wortes beleben. Hexenwelse dagegen – nach Möglichkeit kleinere Arten, zum Beispiel aus der Gattung *Rineloricaria* – liegen die meiste Zeit ruhig an einem Fleck. Das gilt auch für die eigentümlichen Schnabelwelse der Gattung *Farlowella*, die »Stoiker« unter den Fischen. Übrigens verlangen die meisten Salmler und Welse die gleichen Pflegebedingungen wie die Zwergbuntbarsche: leicht saures, nicht zu hartes Wasser und eine abwechslungsreiche Kost aus kleineren Futtertieren (verschiedene Mückenlarven, Kleinkrebse – auch als Frostfutter –, gelegentlich Trockenfutter in Tabletten- oder Flokkenform). Ein regelmäßiger Wasserwechsel – ein Viertel bis ein Drittel des Beckenvolumens alle zwei Wochen – sagt allen hier aufgeführten Fischarten gleichermaßen zu.

Ein Aquarium des in diesem Kapitel beschriebenen Typs läßt sich, besonders wenn man bei den Zwergbuntbarschen bleiben will, auch für Arten aus Westafrika einrichten. Statt der südamerikanischen Cichliden bieten sich für einen Westafrika-Besatz verschiedene Arten aus den Gattungen *Pelvicachromis, Nanochromis* oder *Anomalochromis* an. Eine für den verhaltenskundlich interessierten Aquarianer reizvolle Ergänzung stellen die maulbrütenden *Chromidotilapia-* und *Parananochromis*-Arten dar. Empfehlenswerte Salmler als »Beifische« gibt es auch in afrikanischen Gewässern, etwa in den Gattungen *Neolebias* oder *Alestes*. Welse für die Bodenregion finden wir in den Gattungen *Chiloglanis* oder *Mochokiella*, die in letzter Zeit häufiger importiert wurden.

Viel Holz:
Ein Aquarium für Antennenwelse

Der natürliche Biotop

Die Kraft des fließenden Wassers hat im Laufe der Zeit die Wurzeln der Bäume, die das Flußufer säumen, freigespült. Als dichtes Gewirr mit zahlreichen kleinen und feinen Verzweigungen bilden sie unter Wasser einen regelrechten Wald, der Lebensraum für die unterschiedlichsten Fische bietet.

Im Verlauf eines Flusses stößt man auch immer wieder auf Abschnitte, die dadurch gekennzeichnet sind, daß sie ein mehr oder weniger dichtes Gewirr von abgestorbenem Holz enthalten, zum Beispiel von Bäumen und Sträu-chern, die durch die Strömung herbeigetrieben wurden. Hat man die Gelegenheit, tauchend oder schnorchelnd in solche Biotope einzudringen, kann man Fische der unterschiedlichsten Familien beobachten. Im flachen Wasser oder in Oberflächennähe halten sich Trupps junger Salmler auf, Schutz suchend zwischen feinsten Verästelungen der untergetauchten Holzablagerungen. Auch junge Buntbarsche, erst wenige Zentimeter lang, stehen zwischen den Ästen und Wurzeln, wo sie nicht nur sichere Verstecke finden, sondern auch Nahrung, wie Insektenlarven oder winzige Brut anderer Fischarten. Gele-

gentlich begegnet man aber auch größeren Cichliden. Besonders halbstarke
Hechtbuntbarsche, *Crenicichla*, haben
offenbar eine Vorliebe für solche Umge-
bungen. Als Einzelgänger lauern sie im
Holzdickicht auf Beute und üben sich
bereits in der Revierverteidigung.
Zwischen den unübersichtlichen Holzablagerungen oder in den freigespülten
Wurzeln der Uferbäume fühlen sich
auch Welse sicher und geborgen. Immer
wieder sieht man einen von ihnen, wie
er sich mit seinem Saugmaul auf einem
Ast oder einer Wurzel angeheftet hat.
Sein flacher, breiter Körper läßt erkennen, daß er auch nicht davor zurück-
scheut, stärkere Strömungsbereiche
aufzusuchen. Tatsächlich ist die Kraft
seines Saugmauls so groß, daß er sich
– unterstützt durch seine »wasser-
schlüpfrige« Gestalt – gefahrlos in solchen Flußbereichen aufhalten kann, wo
das Wasser seine größte Kraft entfaltet,
am Prallhang zum Beispiel oder auch
mitten im Flußbett, vorausgesetzt, es
findet sich genügend Holz, auf und zwischen dem der Fisch wohnen kann.
»Saugwelse« werden diese holz- und
strömungsliebenden Fische genannt,
weil ihr Maul zu einer regelrechten Saugscheibe umgebildet ist. Viele von ihnen
sind Aufwuchs- und Algenfresser, die
mit breiten Bändern feiner Raspelzähne
grüne Algen und die darin lebenden
Kleinorganismen vom Substrat scha-
ben. »Harnischwelse« ist ein weiterer Name dieser skurrilen Tiere, und auch er
trifft zu, denn Kopf und Körper sind,
zumindest auf der Oberseite, von einem
starken Panzer aus Knochenplatten geschützt; Schuppen haben diese Fische

nicht. »Antennenwelse« schließlich ist
eine Bezeichnung, die sich auf eine der
bekanntesten Gattungen dieser großen,
über 600 Arten enthaltenden Fischfamilie bezieht: Da die Männchen fast aller
Arten dieser Gattung einen ungewöhn-
lichen und auffälligen Kopfschmuck
aus vielen langen, oft verzweigten Hautauswüchsen tragen, hat auch dieser Name einen Sinn. Vielen Aquarianern ist
der wissenschaftliche Name der Gattung aber genauso geläufig: *Ancistrus*.

Einrichtung des Aquariums

Wenn eine oder zwei *Ancistrus*-Arten die
»Hauptakteure« sein sollen, kommen wir
mit einem Becken von 100 x 50 x 50
Zentimetern gut zurecht.
Die Technik, die wir für unser »Holzaqua-
rium« benötigen, ist schnell genannt:
Ein Regelheizer sorgt für eine Wassertemperatur von 26 bis 27°C; als Filter
kommen ein leistungsstarker Luft- oder
Motorinnenfilter in Betracht, denn wir
sollten schon für etwas Wasserbewegung sorgen. Die Beleuchtung wählen
wir nicht so hell, es sei denn, wir möchten das Aquarium bepflanzen. Dann
richtet sich die Stärke der Beleuchtung
zwangsläufig nach den Ansprüchen der
Wasserpflanzen. Die chemische Wasserbeschaffenheit spielt ebenfalls keine
besonders große Rolle, solange Extreme vermieden werden. Setzen wir aus
Südamerika importierte Wildfang-Wel-
se in das Aquarium, dann empfiehlt es
sich, weiches Wasser (dGH bis 10°) zu
verwenden, das einen pH-Wert im sauren Bereich (unter 7) aufweist. Unter die-

Wurzeldickicht

Reich verzweigte, bizarre Moorkienwurzeln ahmen einen Uferabschnitt nach, an dem das Wasser im Laufe der Zeit die Wurzeln der Bäume freigespült hat; das ist ein bevorzugter Lebensraum der Antennenwelse. (Zeichnung: Weiss)

sen Bedingungen ist sogar die Zucht verschiedener Antennenwelse möglich! Wichtigstes Dekorationsmittel ist natürlich Holz. Im wesentlichen bieten sich zwei Holzarten an. Äußerst wirkungsvoll ist zweifellos die sogenannte Mooreiche, die aber dermaßen teuer ist, daß kaum ein Aquarianer auf die Idee kommen wird, sein Aquarium etwas »großzügiger« damit einzurichten. Genauso zweckmäßig und biotopgerecht, dabei aber um ein Vielfaches preiswerter ist das bekannte Moorkienholz (Erlenwurzeln), das in jedem Zoogeschäft erhältlich ist. Mit einigen unterschiedlich großen Wurzeln und Ästen, die möglichst

reich verzweigt sein sollten, läßt sich, besonders an den Seiten und im Hintergrund des Aquariums, ein Ausschnitt des hier geschilderten Biotops nachahmen. Zwischen den Wurzeln kann man selbstverständlich auch Wasserpflanzen einsetzen, zum Beispiel Vallisnerien oder Schwertpflanzen (*Echinodorus*). Wer möchte, der kann die Einrichtung zusätzlich durch einige Steine auflokkern. In jedem Fall ist es aber notwendig, einige Höhlen zu bauen. Überhaupt sind dunkle Nischen und Spalten bei der Pflege von Antennenwelsen sehr wichtig. Als Bodengrund eignet sich eine fünf oder sechs Zentimeter dicke Schicht aus grobem Sand, Kies oder einem Gemisch aus beidem, je nachdem, ob man zum Beispiel Panzerwelse (*Corydoras*) oder andere Fische, wie Grundsalmler, mit in das Aquarium einsetzen will. Die Beschaffenheit des Bodengrundes hat einen erheblichen Einfluß auf das Wohlbefinden solcher Fische, denken wir etwa an die empfindlichen Barteln der Panzerwelse, die bei scharfkantigem Kies arg verletzt würden.

Vorschläge für den Fischbesatz

Wenden wir uns zunächst den »Nebendarstellern« zu. Viele Salmlerarten kommen für die Pflege in diesem Aquarium in Frage. Besonders die kleiner bleibenden Arten aus solchen Gattungen wie *Hyphessobrycon, Hemigrammus, Moenkhausia* oder *Paracheirodon,* um nur einige der bekanntesten zu nennen, bieten sich dazu an, als kleinerer Schwarm die mittleren Wasserschichten des Aquariums zu beleben. Echte Oberflächenfische sind zum Beispiel die Beilbauchsalmler der Gattungen *Carnegiella* und *Gasteropelecus.*
Von Panzerwelsen (*Corydoras*) als möglichen Bodenbewohnern pflegt man am besten eine größere Gruppe, niemals nur ein »Pärchen« oder gar Einzeltiere. Auch in der Natur begegnet man Panzerwelsen immer in größeren Ansammlungen. Erst in einem Verband aus wenigstens sechs bis zehn Exemplaren zeigen diese Fische ihr natürliches, lebhaftes Verhalten. Für welche der vielen mittlerweile importierten Arten man sich entscheidet, ist eine Frage des Geschmacks.
Auf die Pflege größerer Buntbarsche, etwa *Crenicichla,* verzichtet man lieber. Ihnen sollte man schon ein eigenes Aquarium zur Verfügung stellen, das nach anderen Kriterien gestaltet wird.
Die *Ancistrus*-Arten besitzen einige Eigenarten, die sie zu höchst interessanten und liebenswerten Aquarienpfleglingen machen. Die Männchen – meist größer als die Weibchen und an ihrem »wilden« Kopfschmuck zu erkennen – besetzen und verteidigen Reviere um dunkle Höhlen herum, in die sie laichbereite Weibchen locken. In der Natur können solche Höhlen aus Löchern in abgestorbenen Holzstücken, aus en-

Seite 36:
Antennenwelse
Oben: Ein typischer Lebensraum für holzbewohnende Harnischwelse (Rio Araguari, Nordbrasilien); zwischen den Ästen und unter der Rinde finden Antennenwelse Versteck- und Laichplätze.

Unten: Ein besonders prächtiger Harnischwels aus der *Ancistrus*-Verwandtschaft ist der »Rüsselzahnwels«, *Leporacanthicus galaxias,* der erst vor wenigen Jahren entdeckt wurde. (Fotos: Stawikowski)

Flußufer mit Fallaub
Oben: Häufig findet man in tropischen Flüssen Uferabschnitte, an denen sich im Wasser eine Schicht abgestorbener Blätter der Ufervegetation angesammelt hat. (Foto: Stawikowski)

Unten: Aquarium für Zwergbuntbarsche, in dem neben Pflanzen totes Buchenlaub als Hauptdekorationsmittel verwendet wurde; ähnelt dieses Aquarium nicht dem oben abgebildeten Biotop? (Foto: Koslowski)

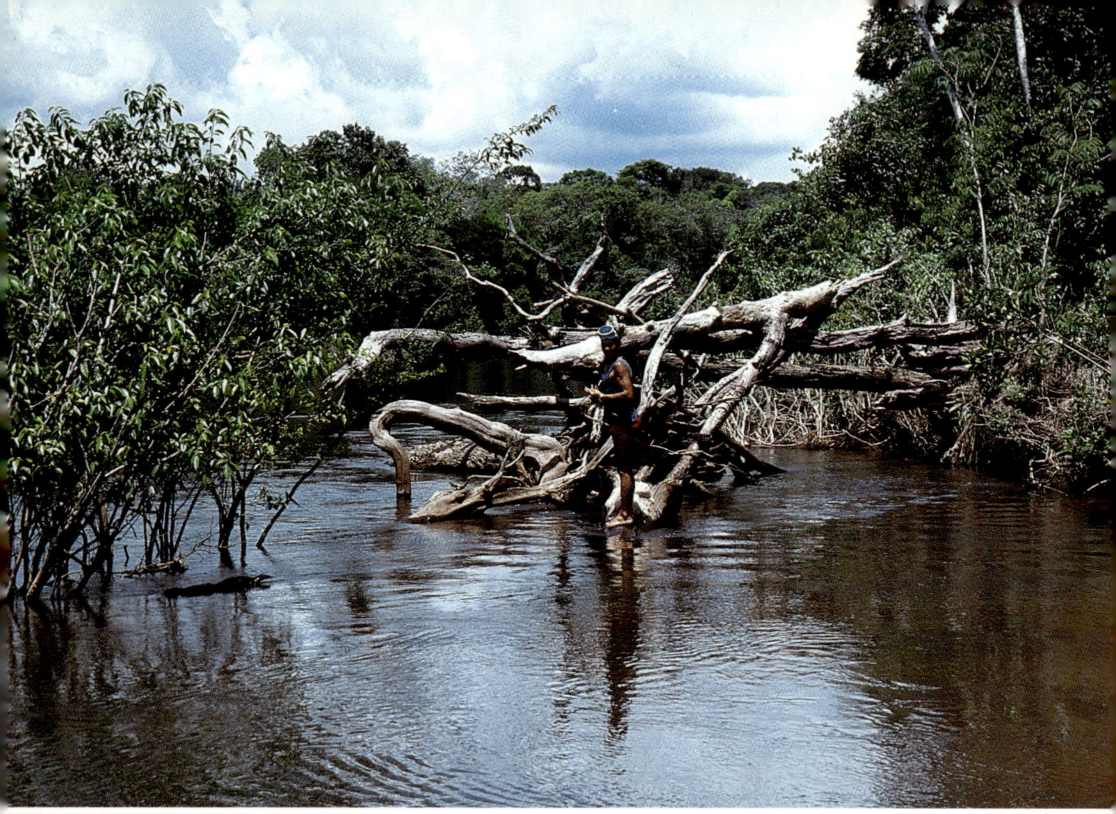

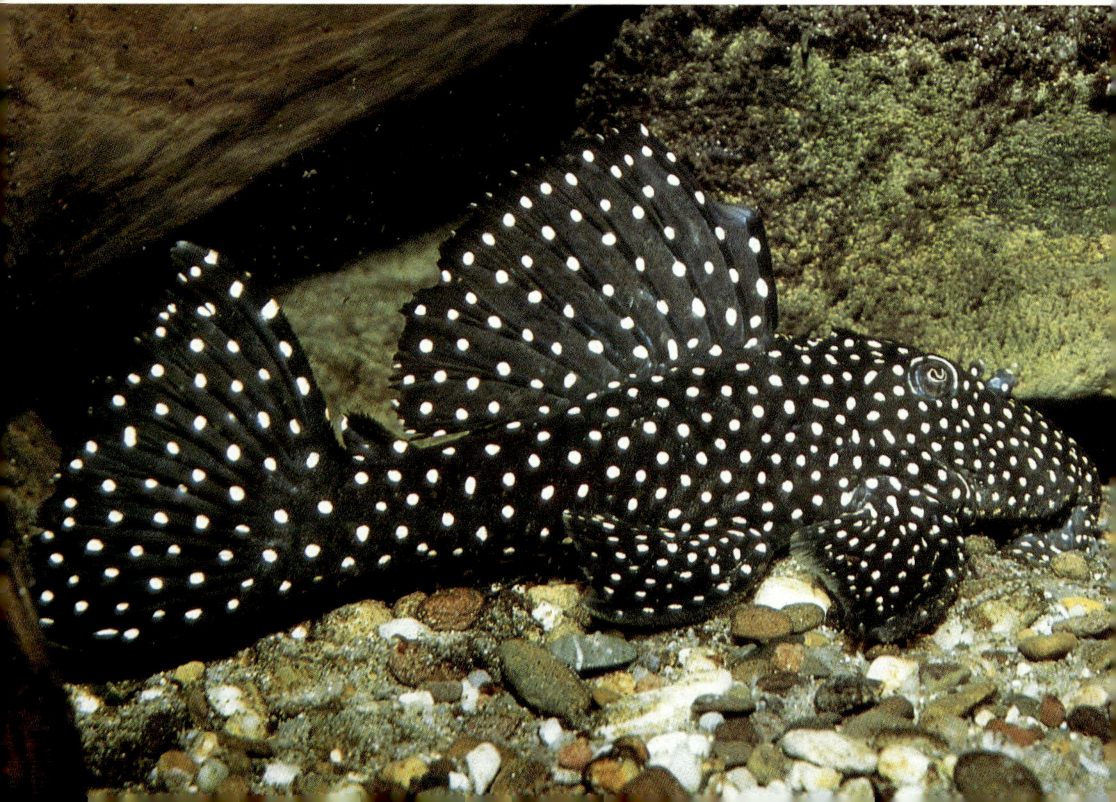

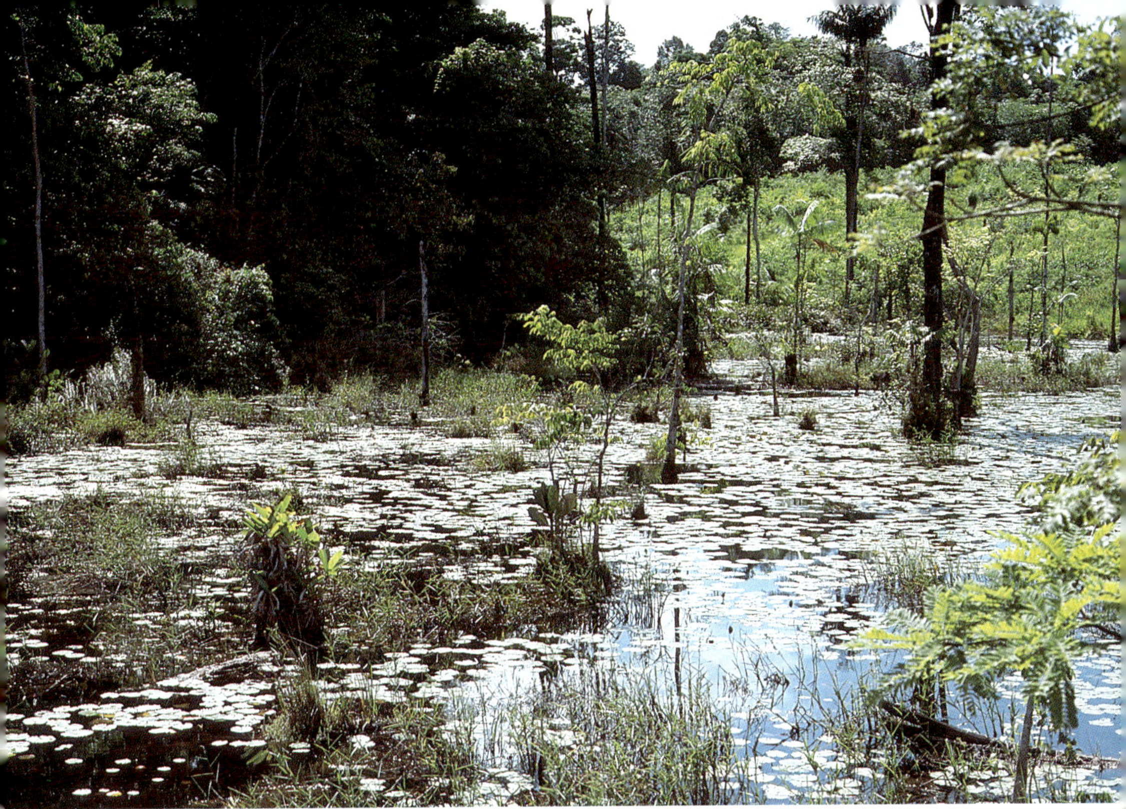
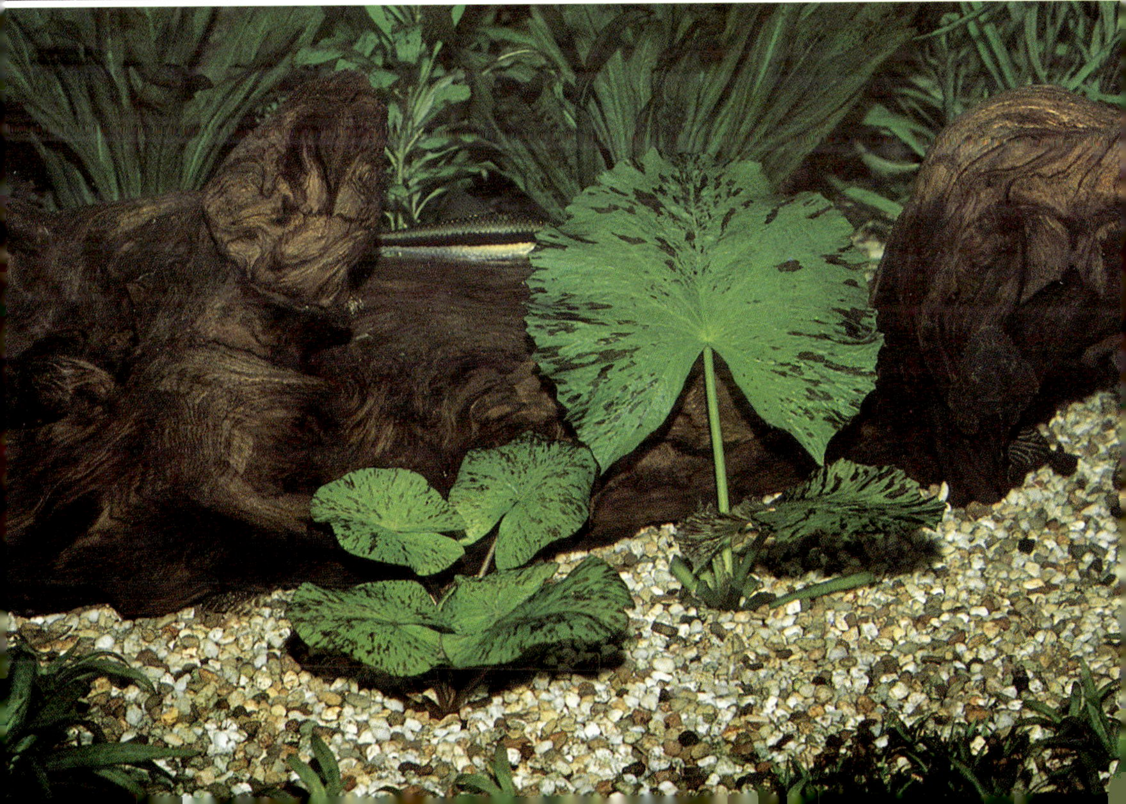

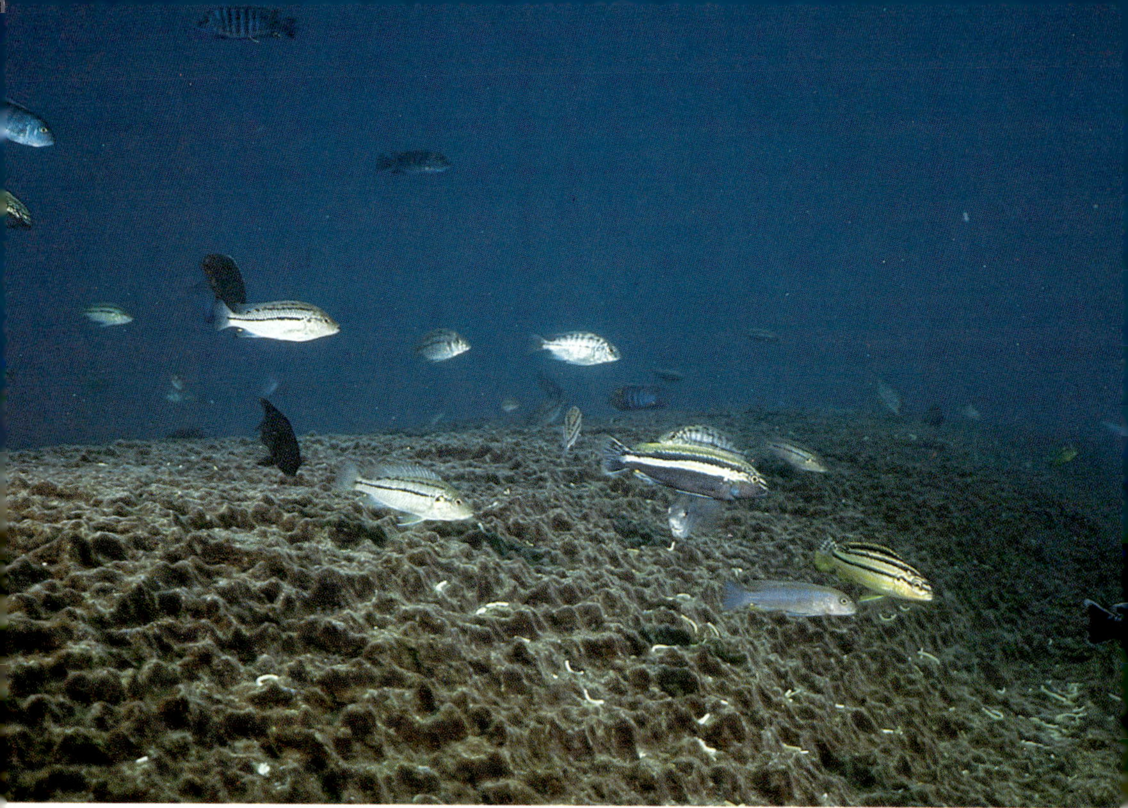

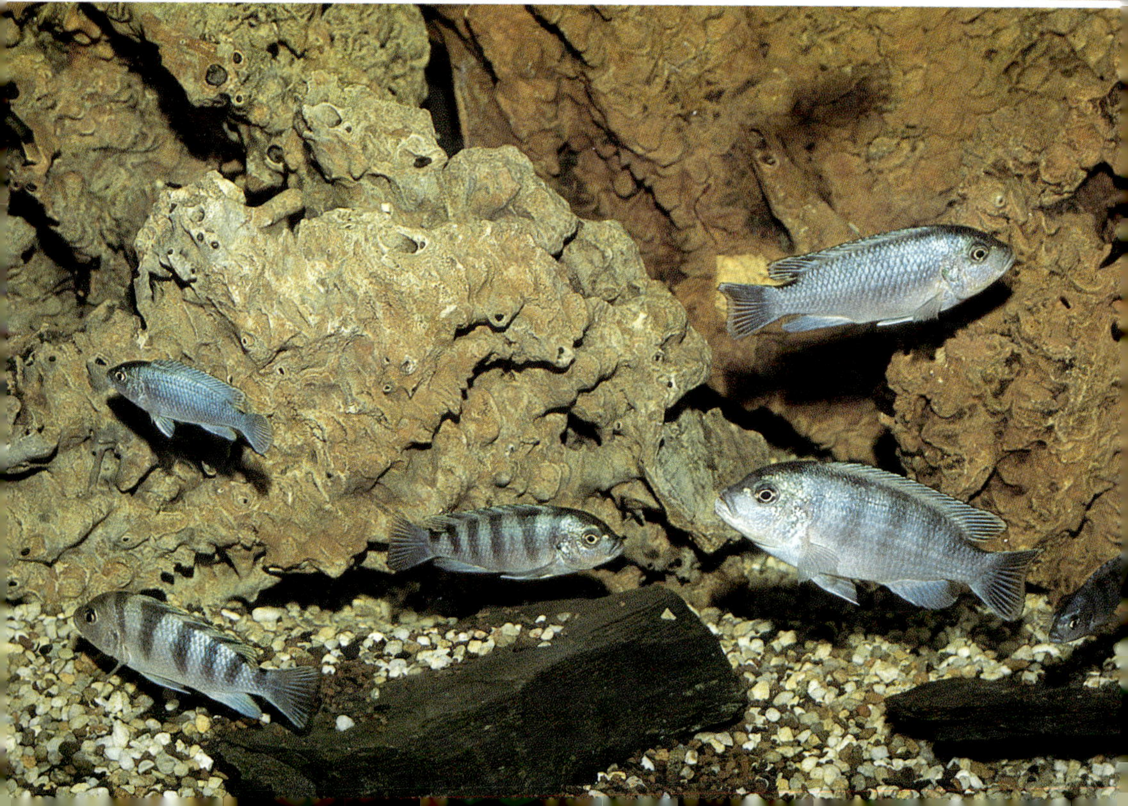

gen Spalten zwischen den Zweigen eines Astes oder aus dem Hohlraum zwischen einem Ast und seiner Rinde bestehen. Das Weibchen klebt sein Gelege, das aus großen, dotterreichen, gelben oder orangefarbenen Eiern besteht, an die Höhlendecke oder eine Höhlenwand, und das Männchen besamt es sofort. Danach duldet das Männchen keinen Artgenossen in seinem Revier. Allein bleibt es nun in der Höhle bei dem Gelege und sorgt durch ständiges Fächeln mit den Brust- und Bauchflossen dafür, daß die Eier einer Strömung ausgesetzt sind, die sie mit Sauerstoff versorgt und Schmutzpartikel sowie Stoffwechselprodukte forttreibt. Über zwei Wochen dauert es, bis die Jungwelse so weit entwickelt sind, daß sie selbständig leben und die schützende Nähe ihres Vaters verlassen können.

Antennenwelse betreiben also eine sehr hoch entwickelte Brutpflege, die an das Fortpflanzungsverhalten verschiedener Buntbarsche erinnert.

Neben den *Ancistrus*-Arten gibt es weitere Harnischwelse, die in ihrer Gestalt, Größe und Lebensweise den Antennenwelsen sehr ähnlich sind. Auch sie eignen sich gut für die Pflege in einem Aquarium des hier beschriebenen Typs. Von den zahlreichen Neuheiten der letzten Jahre können hier nur einige kurz angesprochen werden. Im Sommer 1989 entdeckten Aquarianer im Einzugsgebiet des Rio Tocantins im Osten Brasiliens einen Harnischwels, der wegen seiner Körperform, seiner Beflossung und seines Zeichnungsmusters wie ein *Ancistrus* aussieht. Auffällig an dem rund zwölf Zentimeter langen Wels sind die großen, runden, orangefarbenen Flecken an der Basis (dem körpernahen Teil) von Schwanz-, Bauch- und Rückenflossen. Aus dem Rio Araguaia wurde ein *Ancistrus* (?) importiert, der durch seine Gestalt ins Auge fällt: Er ist extrem flach und breit (wie ein Pfannkuchen) und einheitlich schwarz. Männchen tragen ein dichtes Gewirr von

Felslitoral
Oben: Unterwasserfoto eines typischen Felsuferabschnittes im Malawisee (Cape Maclear, Thumbi West, sechs Meter Tiefe); es wimmelt von Mbunacichliden aus den Gattungen *Melanochromis* und *Pseudotropheus*. (Foto: Spreinat)

Unten: Dieses Aquarium für Mbuna (*Pseudotropheus lombardoi*) wurde mit großen Lavasteinbrocken so eingerichtet, daß es einem Ausschnitt aus der Felsuferzone des Malawisees möglichst ähnlich sieht. (Foto: Stawikowski)

Seite 37:
Verkrautetes Ufer
Oben: Stehende Gewässer im tropischen Regenwald, die einer starken Sonneneinstrahlung ausgesetzt sind, weisen oft einen dichten Pflanzenwuchs auf; dieser Tümpel ist vor allem mit Seerosen zugewuchert.

Unten: In diesem Aquarium, das mit Moorkienwurzeln und Pflanzen eingerichtet ist, werden hauptsächlich kleinere südamerikanische Salmler gepflegt. (Fotos: Stawikowski)

Hautauswüchsen auf dem vorderen Teil ihres Kopfes, die aber nicht verzweigt sind wie etwa bei einem der schönsten Antennenwelse: *Ancistrus* cf. *hoplogenys*, dem Weißsaum-Antennenwels, dessen Zucht erstmals 1989 gelang.

Wie viele von diesen geharnischten, urtümlichen Wesen können wir in einem Aquarium des hier beschriebenen Typs artgerecht unterbringen? Da die Männchen territorial sind, beschränken wir uns auf höchstens zwei Exemplare des »starken Geschlechts«, denen wir aber vier bis sechs Weibchen hinzugesellen

können. Das gilt, wenn wir nur eine Art pflegen möchten. Sollen es zwei verschiedene Arten sein, dann empfiehlt es sich, pro Art nur ein Männchen einzusetzen, da die Tiere auch zwischenartlich aggressiv sind. In diesem Fall gesellen wir den beiden Männchen ebenfalls je zwei bis drei Weibchen bei.

Mit ein wenig Glück läßt sich bei einem solchen Besatz nach einiger Zeit das spannende Fortpflanzungsverhalten beobachten, ohne daß der Pfleger irgendwelche besonderen Zuchtvorbereitungen treffen muß!

Verkrautetes Ufer

Der natürliche Biotop und seine Bewohner

Zu einem schönen Aquarium gehört zweifellos auch ein üppiger Pflanzenwuchs. In der Natur findet man jedoch selten Gewässer, die so aussehen wie ein »holländisches Aquarium«. Sicher gibt es Lebensräume, die dicht mit Pflanzen zugewuchert sind; aber eine »Dekoration« mit unterschiedlichen, womöglich farblich aufeinander abgestimmten Arten wird man nicht finden. Im Gegenteil: Trifft man in einem Bach, Fluß oder Teich dichte Bestände von Wasserpflanzen an, dann handelt es sich meist um eine einzige Art, die weite Bereiche des Bodengrundes bedeckt.

Häufiger als Biotope mit einer wirklichen Unterwasserflora findet man Gewässer, in denen Sumpfpflanzen wachsen, die höchstens zeitweise, etwa während des Hochwassers, ganz überflutet sind. Ähnlich sieht es in Biotopen aus, die dichte Bestände von Pflanzen enthalten, deren Blätter an der Wasseroberfläche fluten, wie zum Beispiel bei vielen Cryptocorynen oder Seerosen: Die dünnen Stengel bilden unter Wasser oft ein dichtes Gewirr, und die auf dem Wasserspiegel treibenden, großflächigen Blätter sorgen für eine diffuse Beleuchtung. Dasselbe gilt für viele Gewässer, besonders langsam fließende oder stehende, die in offenem Gelände einer starken Sonneneinstrahlung ausgesetzt sind.

So bedecken Muschelblume, *Pistia stratiotes*, und Wasserhyazinthe, *Eichhornia crassipes*, in den Tropen und Subtropen weite Bereiche der Oberfläche stagnierender Gewässer. Auch die Uferbereiche der Gewässer sind oft stark verkrautet.

Wie unterschiedlich die einzelnen Pflanzenbiotope auch sein mögen hinsichtlich der dort vorkommenden Arten, der Fließgeschwindigkeit des Wassers und weiterer Faktoren, so weisen sie doch auch viele Gemeinsamkeiten auf. Sie sind der bevorzugte Lebensraum einer Vielzahl von Fischen. In allen Bereichen der Tropen, auf allen Kontinenten findet man derartige Biotope, und zahlreiche Fische, die wir in unseren Aquarien pflegen, stammen aus solchen Lebensräumen. Man denke nur an die vielen Labyrinthfische Südostasiens und Afrikas, an zahlreiche Salmler aus afrikanischen und amerikanischen Gewässern, an die räuberischen Nanderbarsche aus Asien, Afrika und Amerika, an viele Zwergbuntbarsche, Messerfische, Nilhechte, Welse und weitere Fischgruppen.

In der Tat ist es oft erstaunlich, was ein Kescherzug durch ein Unterwasserpflanzendickicht an das Tageslicht bringt. Da trifft man kleine, harmlose Insektenfresser, die im Schutz der Pflanzen Nahrung und Rückzugsmöglichkeiten vor Feinden finden, aber auch fischfressende Räuber, die es auf solche kleinen Arten abgesehen haben. Aufwuchsfressende, Algen abraspelnde Fische, wie etwa Saugwelse, sind ebenso zugegen wie »richtige« Vegetarier, die sich an den Blättern der höheren Pflanzen gütlich tun.

Für die meisten Fische bietet dieser Lebensraum Schutz und Versteck, für viele Arten aber auch Laichplatz und Brutterritorium. So laichen viele Salmler und Barben bevorzugt zwischen den feinen, verzweigten Pflanzenteilen, und ihre Eier sind hier – zumindest bis zu einem gewissen Grad – vor den Nachstellungen durch Laichräuber sicher. Auch die schlüpfenden, winzig kleinen Jungfische finden im Dickicht einen geeigneten Lebensraum. Hier gibt es genügend Erstfutter in Form von Kleinstorganismen und zahlreiche Deckungs- und Rückzugsmöglichkeiten vor Räubern, so daß wenigstens ein Teil der Brut die erste, kritische Zeit überlebt und zu einer Größe heranwächst, mit der sich die Jungen dem Schwarm der Artgenossen anschließen können.

Es gibt auch Fische, die Pflanzenblätter, Pflanzenstengel oder andere Teile als Laichsubstrat benutzen. So heften manche Salmler, Karpfenfische, Welse und Buntbarsche ihren Laich an bestimmte Pflanzenteile an. Viele Schlanksalmler (Lebiasinidae) und Cichliden bevorzugen die Oberfläche großer Blätter als Laichsubstrat. Andere Arten ziehen es vor, unter solchen Blättern zu laichen, wie etwa manche Panzerwelse (*Corydoras*), die Keilfleckbarbe (*Rasbora heteromorpha*) oder Nanderbarsche (*Nandidae*). Andere Fische laichen lieber an den senkrechten Pflanzenstengeln, wie verschiedene Buntbarsche, aber auch Panzerwelse und manche Harnischwelse (*Farlowella* und *Sturisoma*).

Es gibt sogar Arten, die sich aus Pflanzenteilen richtige Nester bauen: Viele Labyrinthfische errichten an der Wasseroberfläche bis zu mehrere Zentimeter dicke Schaumnester aus abgerissenen kleinen Pflanzenteilen und Luftblasen, die sie in ihrem Maul mit Speichel umgeben. Die Blasen kleben aneinander und geben dem Nest eine gewisse Festigkeit. In dieser Kinderstube entwickeln sich die Eier unter dem Schutz des Vaters, der seinen Nachwuchs so lange betreut, bis er in der Lage ist, eigene Wege zu gehen.

Andere Fische bauen auf dem Bodengrund Laichnester aus Pflanzenteilen, in die die Männchen die laichreifen Weibchen zum Ablaichen locken. Ein bekanntes Beispiel ist unser einheimischer Dreistacheliger Stichling (*Gasterosteus aculeatus*).

Man sieht: Pflanzen spielen im Leben vieler Fische die unterschiedlichsten Rollen. Sie können Versteckplatz und Unterschlupf, Nahrung, Laichplatz und sogar Baumaterial sein.

Einrichtung des Aquariums

Im Zoofachhandel finden wir eine größere Zahl von Wasserpflanzen, mit denen wir ein Aquarium so einrichten können, daß ein verkrauteter Biotop nachgebildet wird. Hier seien nur einige weniger anspruchsvolle Arten genannt. Mit ihnen können wir die Seiten und den Hintergrund des Aquariums dicht besetzen. Es handelt sich um Pflanzen, die hoch wachsen, so daß sie sich gut dazu eignen, einen »bühnenartigen« Rahmen in unserer Aquariendekoration zu schaffen, der für viele Fische Unterstände und Versteckplätze bietet und gleichzeitig einen optisch ansprechenden Hintergrund für die weitere Dekoration.

An dieser Stelle noch ein kurzer Hinweis. Zweifellos wirkt es um so natürlicher, je weniger Pflanzenarten wir in einem Aquarium verwenden. Andererseits sollte der Begriff »Biotopaquarium« auch hier nicht zu eng ausgelegt werden. An erster Stelle steht die richtige Auswahl geeigneter Pflanzen für die Nachahmung bestimmter Ausschnitte aus einer Unterwasserlandschaft, das heißt: Wollen wir Fische pflegen, die feinfiedrige Pflanzen für ihr Wohlbefinden benötigen, dann kommt es zunächst einmal darauf an, daß wir ihnen eine Umgebung bieten, in der solche Pflanzen in möglichst dichten Beständen wachsen. Pflegen wir Fische, die großblättrige Pflanzen verlangen, zum Beispiel als Laichsubstrat, dann müssen wir dafür sorgen, daß sich solche Pflanzen in unserem Aquarium befinden. Den meisten Fischarten ist es vermutlich gleichgültig, ob sie in einem Aquarium leben, das mit Pflanzen besetzt ist, die aus denselben Lebensräumen stammen wie sie selbst, oder in einem Becken, das Pflanzen von einem ganz anderen Kontinent beherbergt. Wichtig ist vor allem, daß wir Fische, die für ihr Wohlbefinden ein Pflanzendickicht benötigen, nicht in einem Felsen-, Sandboden- oder Stromschnellen-Aquarium pflegen!

Alle unten genannten Stengelpflanzen setzen wir nicht einzeln, sondern in Gruppen in das Aquarium. Das wirkt natürlicher; auch in der Natur wird man Stengelpflanzen immer in dichten Beständen antreffen. Unter den feinfiedrigen Pflanzen gehören zu den relativ leicht zu kultivierenden Arten das Brasilianische Tausendblatt, *Myriophyllum aquaticum*, das Gefiederte Tausendblatt, *M. scabratum*, und *Cabomba caroliniana*. Diese drei Arten stellen keine hohen Ansprüche an die Wasserbeschaffenheit und lassen sich bei Temperaturen von 22 bis 25 °C (*M. scabratum*) oder gar 28 °C pflegen. Von den Stengelpflanzen mit kleineren bis mittelgroßen Blättern sind die folgenden Arten zu empfehlen: *Hygrophila polysperma*, der Indische Wasserfreund, *H. stricta*, der Thailändische Wasserfreund, und *H. corymbosa*, das »Kirschbäumchen« oder der Große Wasserfreund, der jedoch be-

Dichtstehende, hoch aufragende Stengelpflanzen schaffen einen richtigen Wasserpflanzendschungel an den Seiten und im Hintergrund des Aquariums; vorn und in der Mitte wachsen niedriger bleibende Arten. (Zeichnung. Weiss)

reits relativ große Blätter trägt. Alle drei Arten verlangen nicht übermäßig viel Licht, stellen keine besonderen Ansprüche an die chemische Wasserbeschaffenheit und vertragen Temperaturen zwischen 22 und 28 °C. Eine weitere Pflanze, die sich ebenfalls gut für die Rand- und Hintergrundbepflanzung eignet, ist *Ludwigia palustris x repens*, auch Bastard-Ludwigie genannt. Sie stellt ähnliche Ansprüche wie die vorgenannten Arten.

Den Vordergrund und den mittleren Bereich des Aquariums bepflanzen wir mit niedriger wachsenden Arten, denn das Becken soll ja auch freien Schwimmraum bieten. Hier empfiehlt es sich, vorwiegend solche Pflanzen zu verwenden, die aus einem Rhizom wachsen und mehr oder weniger flach bleiben. Es ist nicht immer einfach, solche Pflanzen mit hoch- und schnellwüchsigen Stengelpflanzen zu vergesellschaften, denn

die Lichtansprüche können sehr unterschiedlich sein. So verlangen viele flach wachsende Rhizompflanzen eine stärkere Beleuchtung. Die hier genannten Arten zählen aber zu den weniger anspruchsvollen. Das Zwergpfeilkraut, *Sagittaria subulata* var. *pusilla*, gilt als besonders robust und für eine flächige Vordergrundbepflanzung gut geeignet. Ähnliches sagt man auch der Grasartigen Schwertpflanze, *Echinodorus tenellus*, nach. Beide Arten lassen sich sowohl in leicht saurem als auch in leicht alkalischem Wasser bei Temperaturen zwischen 22 und 28°C kultivieren.

Schließlich seien noch einige größere Rhizompflanzen genannt, die zweierlei Funktion erfüllen können. Als Dekorationsmittel kann man sie schön als solitär stehenden Blickfang verwenden. Gleichzeitig bieten sie verschiedenen Fischarten ein geeignetes Laichsubstrat. Aus der Gattung *Echinodorus* bieten sich hier vor allem *E. parviflorus* für weniger hohe Aquarien und *E. amazonicus* an. Die zuerst genannte Art erreicht eine Höhe von ungefähr 20, die zweite Art eine Höhe von gut 40 Zentimetern. Beide vertragen Temperaturen von 23 bis 28°C und kommen mit einer mittelstarken Beleuchtung aus, sind also nicht übermäßig lichthungrig. Eine mittelhohe Pflanze für den Vordergrund und mittleren Bereich ist auch Walkers Wasserkelch, *Cryptocoryne walkeri*, ein Aronstabgewächs aus Sri Lanka. Dieser Wasserkelch gehört zu den anspruchslosesten Arten der Gattung und läßt sich in leicht saurem wie in leicht alkalischem Wasser bei Temperaturen zwischen 23 und 28°C pflegen.

Zu den weniger anspruchsvollen Arten gehören auch der Wasserhornfarn, *Ceratopteris cornuta*, und der Schwimmende Hornfarn, *C. pteridioides*. Die zuerst genannte Art kommt im tropischen Afrika vor, die zweite Art hat eine weite Verbreitung in den Tropen. Beide vertragen leicht saures bis leicht alkalisches Wasser und Temperaturen von knapp 20 bis etwa 28°C. *Riccia fluitans*, das Teichlebermoos, bildet feine, dicht verzweigte Polster an der Wasseroberfläche. Die beinahe auf der ganzen Welt vorkommende Pflanze ist ebenfalls recht bescheiden in ihren Ansprüchen: Auch sie toleriert sowohl leicht saures als auch leicht alkalisches Wasser sowie Temperaturen von unter 20 bis 30°C!

Der von hochwachsenden Pflanzen gebildete Rahmen kann durch niedrige Vordergrundpflanzen und weitere Einrichtungsgegenstände, wie Moorkienwurzeln oder Steine, ergänzt und aufgelockert werden. Je nach den Bedürfnissen der Fische kommen an weiteren Mitteln in Betracht: halbierte Kokosnußschalen, Korkeichenrinde oder auch trockenes Buchen- und Eichenlaub (siehe Kapitel »Flußufer mit Fallaubansammlungen«).

Vorschläge für den Fischbesatz

In dem hier skizzierten Aquarium fühlen sich die verschiedensten Fische wohl. Aus allen Erdteilen lassen sich Arten finden, die sich als Besatz eignen. Nachfolgend finden Sie drei Vorschläge, wie eine Fischgesellschaft für ein Aquarium mit den Maßen 100 x 50 x 50 Zentimeter aussehen kann.

Für ein Pflanzenaquarium mit südamerikanischen Fischen kommen Arten aus folgenden Familien in Frage: Salmler, Messerfische, Zwergbuntbarsche, Harnischwelse, Schwielenwelse. Besonders die kleineren Salmlerarten aus solchen Gattungen wie *Hyphessobrycon, Hemigrammus, Moenkhausia* oder *Paracheirodon*, daneben aber auch die hübschen Ziersalmler der Gattung *Nannostomus* sowie die oberflächenorientierten Beilbauchsalmler (*Gasteropelecus* und *Carnegiella*) sind empfehlenswerte Fische, die in einem kleinen Schwarm aus wenigstens acht bis zehn Exemplaren die mittleren und oberen Wasserschichten besiedeln. Sie halten sich einerseits gern im freien Schwimmraum des vorderen und mittleren Bereichs auf, ziehen sich aber andererseits gelegentlich auch zwischen die dichten Pflanzenbestände zurück. Die kleinen Bodensalmler der Gattung *Characidium* sind hervorragend für die Belebung der »unteren Etage« des Aquariums geeignet. Sie können nicht frei im Wasser schweben, sondern »hüpfen« auf dem Bodengrund umher.

Aus der Familie der Messerfische (Gymnotidae) sind nur die kleineren Arten für die Pflege in einem Meterbecken geeignet. Eine Art, die recht häufig im Zoofachhandel erhältlich ist, ist der Grüne Messerfisch, *Eigenmannia virescens*, den man ebenfalls in einem kleinen Schwarm pflegt. Es ist interessant zu beobachten, wie diese geschickten Schwimmer vorwärts und rückwärts durch das Pflanzengewirr manövrieren.

Eine Zwergcichlidenart, zum Beispiel aus der Gattung *Apistogramma*, bewohnt den unteren Bereich des Aquariums. Meist bieten die Aquarianer diesen Fischen halbierte Kokosnußschalen, Blumentopfscherben oder Steinaufbauten als Laichhöhlen an. In einem dicht bepflanzten Aquarium kann man jedoch mitunter beobachten, daß diese Fische auch die Unterseite großflächiger Pflanzenblätter oder die Unterseite abgestorbener Eichen- und Buchenblätter als Laichsubstrat annehmen. Dieses Verhalten entspricht sogar viel eher den natürlichen Verhältnissen. Aus der Gattung *Crenicara* kann man eine der beiden Arten *C. maculatum* oder *C. filamentosum* einsetzen. Sie setzen ihre Eier als Offenbrüter auf der Oberseite von Pflanzenblättern ab, zum Beispiel auf den Blättern von Stengelpflanzen, die einigermaßen waagerecht wachsen. Aus der großen Familie der Harnischwelse bieten sich für unser Pflanzendickicht besonders die nadeldünnen Schnabelwelse der Gattung *Farlowella* an. In der Natur findet man sie mitunter im Schilf- oder Graswuchs dicht bewachsener Flußufer, wo sie mit ihrer unauffälligen Gestalt und ihrer nahezu bewegungslosen Lebensweise hervorragend getarnt sind. Mit ihrem Saugmaul haben sie sich an einem Pflanzenstengel angeheftet und hängen nun reglos im Pflanzengewirr.

Für den Bodengrund kann man – neben den *Characidium* – noch einige Panzerwelse (*Corydoras*) einsetzen. Zwar findet man große *Corydoras*-Schwärme oft über freiem Sandboden, doch begegnet man auch in pflanzenreichen Bioto-

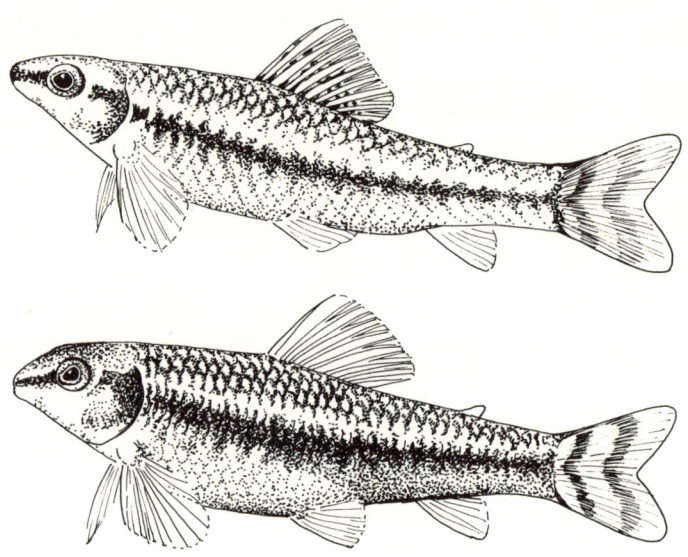

pen diesen kleinen Welsen. Auf diese Weise sind alle Regionen des Aquariums besetzt, ohne daß sich die einzelnen Arten gegenseitig ins Gehege kommen, ganz im Gegenteil: Der hier skizzierte Fischbesatz entspricht durchaus den Verhältnissen, die man in einem pflanzenreichen Abschnitt am Ufer eines südamerikanischen Gewässers findet.

Für ein Westafrika-Aquarium kann der Fischbesatz ähnlich zusammengestellt sein, denn Salmler und Buntbarsche kommen auch hier vor. Kleiner bleibende westafrikanische Salmler sind zum Beispiel die *Nannaethiops*-Arten, die jedoch nicht so häufig im Zoofachhandel erhältlich sind wie die meisten südamerikanischen Salmler. Zu den schönsten afrikanischen Salmlern gehört

Männchen (oben) und Weibchen (unten) des Gebänderten Bodensalmlers, *Characidium fasciatum*, aus Südamerika. Die Weibchen sind kräftiger als die schlanken Männchen. (Zeichnung: Golte-Bechtle)

zweifellos *Neolebias ansorgei*, der drei bis vier Zentimeter lang wird. Eine Entsprechung zu den südamerikanischen *Characidium* sind die afrikanischen *Nannocharax*, die hinsichtlich Körperform, Färbung und Beflossung ihren neuweltlichen Vettern beinahe zum Verwechseln ähnlich sehen. Für die Oberflächennähe eignen sich verschiedene Hechtlinge aus der Familie der Eierlegenden Zahnkarpfen sehr gut: Die Gattung *Epiplatys* bietet eine Reihe von Arten, die nicht nur gern unter dem schützenden Dach aus Schwimmpflanzen stehen, sondern an deren feinen Wurzeln auch ihre Eier ablegen. Bekannte und regelmäßig erhältliche Arten sind zum Beispiel *E. dageti, E. sexfasciatus* und der kleine, aber anspruchsvollere *Pseudepiplatys annulatus,* der aufgrund seines Zwergenwuchses und seiner Vorliebe für weiches, saures Wasser nicht mit zu robusten, großen anderen Fischen vergesellschaftet werden darf. Das Gegenstück zu den südamerikanischen Harnischwelsen stellen die kleiner bleibenden Fiederbartwelse (Mochocidae) Afrikas dar, besonders aus den Gattungen *Leptoglanis* und *Chiloglanis,* die mit ihrem Saugmaul und ihrer Körperform schon zeigen, daß sie ähnliche Lebensräume besiedeln wie manche Loricariiden aus Südamerika. Leider gehören diese Welse noch nicht zu den Arten, die man regelmäßig im Zoofachhandel antrifft.

Für ein dicht bepflanztes Aquarium mit südostasiatischen Fischen wird man einer Familie den Vorzug geben, die aufgrund ihrer interessanten Verhaltensweisen und ihrer schönen Farbkleider bei den Aquarianern sehr beliebt ist: den Labyrinthfischen oder Kletterfischen (Belontiidae). Verkrautete Biotope sind der Lebensraum der zahlreichen schaumnestbauenden Arten zum Beispiel der Gattungen *Trichogaster, Trichopsis* und *Colisa.* Die Männchen besetzen Reviere direkt unter der Wasseroberfläche, wo sie ihre Nester aus mit Speichel umhüllten Luftblasen, meist unter Zuhilfenahme von abgerissenen Pflanzenteilen bauen. Die Fische laichen nach der Fertigstellung des Nestes un-

ter der zukünftigen Kinderstube ab. Je nach Art steigen die Eier zur Wasseroberfläche empor oder sinken zum Boden hinab. Das Männchen, bei vielen Arten auch das Weibchen, sammelt die Eier im Maul auf und spuckt sie in das Nest, wo sie nun vom Männchen bewacht werden. Die nach wenigen Tagen schlüpfenden Jungfische bleiben noch so lange im Nest, bis sie in der Lage sind, selbst auf Nahrungssuche zu gehen. Bekannteste und beliebteste Schaumnestbauer sind die etwas größeren *Trichogaster*-Arten, wie der Mosaikfadenfisch, *T. leeri,* der Blaue Fadenfisch, *T. trichopterus,* mit seinen verschiedenen Zuchtformen, oder der Schaufelfadenfisch, *T. pectoralis.* Alle diese Arten erreichen Gesamtlängen um 10 bis an die 20 Zentimeter (*T. pectoralis*). Kleiner bleiben dagegen die *Colisa*-Arten. Besonders beliebt und farbenprächtig sind der Honiggurami, *C. chuna,* und der Zwergfadenfisch, *C. lalia.* Zu den Zwergen gehören auch die Knurrenden Guramis *Trichopsis pumila* und *T. vittata* sowie die Zwergguramis der Gattungen *Parosphromenus* und *Pseudosphromenus.* Eine Art, die nicht vergessen werden darf, ist der Siamesische Kampffisch, *Betta splendens,* der besonders durch seine farbenprächtigen und schleierflossigen Zuchtformen bekannt geworden ist.

Im gleichen Aquarium, in den unteren Wasserschichten, kann man für die freien Bereiche einen kleinen Schwarm einer kleiner bleibenden Karpfenfischart, etwa aus der Gattung *Rasbora,* pflegen. *Rasbora heteromorpha,* die Keilfleckbarbe, ist wohl der bekannteste

Vertreter. Diese Fische zeigen ein bemerkenswertes Laichverhalten. Sie heften ihre Eier unter flächige Pflanzenblätter, benötigen also Pflanzen mit mehr oder weniger waagerecht stehenden Blättern oder Stengelpflanzen mit größeren Blättern. Auch andere *Rasbora*-Arten kommen in Frage, zum Beispiel die Rotflossenrasbora, *R. borapetensis,* oder der Schmuckbärbling, *R. elegans,* der Schönflossenbärbling, *R. kalochroma,* oder der Rotstreifenbärbling, *R. pauciperforata.* Weitere Gattungen, etwa *Barbus,* stellen ebenfalls viele Schwarmfische, die man in einem kleinen Trupp in einem dicht bepflanzten Südostasienaquarium mit Labyrinthfischen vergesellschaften kann.

Die Bodenregion des Aquariums schließlich kann von einigen Schmerlen besiedelt sein. Da gibt es die schlanken, wurmförmigen Dornaugen der Gattung *Pangio,* aber auch die vielen, oft leider etwas unverträglichen Arten der Gattung *Botia,* von denen die Prachtschmerle, *B. macracanthus,* und die Karierte Prachtschmerle, *B. sidthimunki,* wohl die bekanntesten und mit am häufigsten gepflegten sind, obwohl *B. macracanthus* die stattliche Größe von über 20 Zentimetern erreicht. Ungewöhnlich mutet die Rüsselschmerle, *Acantopsis dialuzona,* an, die sich gern im Sandboden eingräbt. Gelegentlich sieht man ihren Kopf neugierig aus dem Untergrund hervorschauen.

In Südostasien gibt es noch weitere Fischarten, auch aus anderen Familien als den hier aufgeführten, die sich für die Pflege in einem dicht bepflanzten Aquarium gut eignen. Es ist leider nicht möglich, eine vollständige Übersicht zu geben, so daß der Leser auf das Literaturverzeichnis verwiesen sei.

Felslitoral:
Bunte Fische zwischen großen Steinen

Der natürliche Biotop und seine Bewohner

Buntbarsche aus den großen afrikanischen Seen – Malawi und Tanganjika – gehören nach wie vor zu den beliebtesten und am häufigsten importierten und gezüchteten Süßwasserfischen. Sie tragen ihren deutschen Namen zu Recht, denn sie zeigen außerordentlich prächtige Farben. Besonders die Arten aus dem Malawisee erstrahlen in Farben, wie sie für Süßwasserfische eher ungewöhnlich sind. Daher bezeichnete man sie in den 60er Jahren, als die ersten Importsendungen aus Afrika in

Deutschland eintrafen, auch als die „Korallenfische des Süßwassers".

Besonders eine Gruppe unter den über 400 Cichlidenarten des Malawisees ist bei den Aquarianern sehr bekannt und beliebt geworden: Die sogenannten Mbunas – so werden sie in ihrer Heimat genannt – umfassen eine Gruppe von rund zehn Gattungen, deren gemeinsames Merkmal neben der auffälligen Färbung ihre Ernährungsweise ist. Mbunacichliden sind im allgemeinen Aufwuchsfresser, die sich von den auf Felsen wachsenden Algen und den darin lebenden Kleintieren ernähren.

Mbunas sind Fische, die sich für die Aquarienpflege denkbar gut eignen. Sie werden nicht übermäßig groß (Gesamtlängen von acht bis zwölf Zentimetern; lediglich die Arten der Gattung *Petrotilapia* können an die 20 Zentimeter lang werden), lassen sich relativ leicht pflegen und züchten, und ihr natürlicher Lebensraum läßt sich im Aquarium mit recht einfachen Mitteln sehr schön nachgestalten.

Mbunas besiedeln jene Uferbereiche des Malawisees, die durch große Felsblöcke gekennzeichnet sind. Wie das auf Seite 38 oben wiedergegebene Unterwasserfoto zeigt, ist dieses Felslitoral mit seinen waagerechten und senkrechten, glatten Steinflächen außerordentlich dicht mit Fischen besiedelt. Die Fischdichte hängt natürlich vom Nahrungsangebot ab. Je stärker die Sonneneinstrahlung, um so größer das Nahrungsangebot in Form von Algen; je größer das Nahrungsangebot, um so höher die Fischdichte.

Oft sind es riesige Schwärme von Mbunacichliden der unterschiedlichsten Arten, die sich über, neben oder zwischen den Felsblöcken aufhalten und immer wieder die Felsen anschwimmen, um Algen abzuweiden. Dabei haben diese Fische verschiedene Methoden entwickelt: Manche Arten nehmen eine Position von 90 Grad zum beweideten Substrat ein; sie weiden in normaler Schwimmlage senkrechte Steinflächen ab und müssen sich auf den Kopf stellen, wenn sie an waagerechten Flächen fressen wollen, weil ihr Maul endständig ist. Andere können waagerechte Flächen in normaler Schwimmlage beweiden, weil sie ein unterständiges Maul haben, dessen Öffnung regelrecht unter dem Kopf sitzt und nach unten weist; es leuchtet ein, daß diese Fische – die *Labeotropheus*-Arten – beim Fressen an einer vertikalen Steinfläche eine andere Schwimmhaltung einnehmen müssen.

In den riesigen Ansammlungen von Mbunacichliden der verschiedensten Arten stechen einzelne Tiere mit ihren leuchtenden Farben regelrecht ins Auge. Außerdem verteidigen sie kleinere Reviere, aus denen sie männliche Artgenossen vehement vertreiben, mitunter auch artfremde Mbunas. Weibchen dagegen dulden sie nicht nur, sondern sie locken sie geradezu in ihr Territorium: Auf der Afterflosse tragen die Männchen leuchtend gelbe Flecken, die sie den Weibchen immer wieder präsentieren und die diese offensichtlich sehr beeindrucken.

Gelingt es einem Mbuna-Männchen, ein laichbereites Weibchen in sein Revier zu locken, dann laichen die Fische, indem sie sich auf dem Felssubstrat auf einer Kreisbahn umeinander drehen. Dabei setzt das Weibchen die Eier ab, die es sofort ins Maul aufnimmt. Bei der nächsten Runde gibt das Männchen seine Spermien ab, die das Weibchen ebenfalls in sein Maul aufnimmt, indem es mit den Lippen auf der gespreizten Afterflosse des Männchens lutschende Bewegungen ausführt. Im Maul werden die Eier dann besamt.

Das Weibchen erbrütet die Eier allein. Nach zwei, bei manchen Arten auch drei Wochen sind sie in der Regel allein lebensfähig und werden aus dem Maul entlassen. In den vielen Felsspalten und Hohlräumen im Flachwasser des unmittelbaren Uferbereichs finden sie eine sichere Zuflucht und ausreichend Erstnahrung. Schnell wachsen sie heran, und schon nach rund einem Jahr sind sie selbst geschlechtsreif.

Einrichtung des Aquariums

Der hier nur kurz geschilderte Lebensraum „Felsufer Malawisee" läßt sich im Aquarium gut nachgestalten. Um eine größere Zahl von Mbunacichliden pflegen zu können, empfiehlt es sich, ein Aquarium mit einer Grundfläche von wenigstens 120 bis 150 × 50 bis 70 Zentimetern zu wählen. Einerseits bietet eine große Grundfläche mehr Möglichkeiten für eine biotopgerechte Dekoration, andererseits dürfen wir nicht vergessen, daß Mbuna-Männchen ja territorial sind.

Wichtigstes Dekorationsmittel sind Steine, was gleich die Frage aufwirft, wie sich große Steinaufbauten auf der Bodenscheibe des Aquariums errichten lassen, ohne daß sie bricht. Es versteht sich von selbst, daß das Aquarium eine möglichst dicke Bodenscheibe haben sollte (zehn Millimeter oder mehr) und mit der gesamten Fläche auf einer geeigneten Unterlage zu stehen hat, nach Möglichkeit auf einer stabilen Holzplatte o. ä., auf die man eine Styropor- oder Filzschicht aufbringt, so daß das Aquarium auch gegen leichtere Erschütterungen gesichert ist. Die Felsdekoration, die am besten den Hintergrund und die Seiten des Aquariums einnimmt, wird unmittelbar auf der Bodenscheibe aufgebaut, wobei auch hier untergelegte Styroporplatten gute Dienste leisten; sie verhindern, daß kleine Steinchen oder Sandkörner, die unter die schweren Steine geraten, wie ein Glasschneider wirken und die Bodenscheibe zum Platzen bringen. Hohe Steinaufbauten lassen sich gegen ein Einstürzen sichern, indem man die einzelnen Steine mit etwas Silikon zusammenklebt. Das hat aber den Nachteil, daß man das Aquarium nicht mehr ohne weiteres ausräumen oder umdekorieren kann, was besonders dann nachteilig ist, wenn man die Mbunas auch züchten möchte. Dann ist es sehr schwierig, brütende Weibchen aus dem Aquarium zu fangen, um sie in ein Zuchtbecken zu überführen.

Tüftler und Bastler haben verschiedene Alternativen zu Natursteinaufbauten entwickelt: So lassen sich künstliche Felsformationen aus Styroporblöcken herstellen, indem man mit einem Lötkolben oder ähnlichem Gerät einen Styroporblock so lange bearbeitet, bis er die gewünschte Form und Größe bekommen hat. Mit wasserunlöslichen, ungiftigen Farben kann man ein solches Felsgebilde naturgetreu bemalen. Ein Handicap ist allerdings der gewaltige Auftrieb des Styroporfelsens. Es erfordert schon einige Überlegungen, wie sich durch Verkleben oder Verschrauben verhindern läßt, daß die gesamte Dekoration plötzlich wie eine Rakete emporschießt.

Die meisten Aquarianer ziehen es vor, natürliche Felsaufbauten in die Dekoration ihrer Aquarien einzubeziehen. Welche Gesteinssorten eignen sich für ein Malawi-Aquarium? Aus Sandsteinplat-

In einem Aquarium, das das Felslitoral des Malawisees nachempfindet, dominieren zwangsläufig Steinaufbauten; viele Spalten und Nischen bieten brütenden Cichlidenweibchen und Jungfischen sichere Versteckplätze. (Zeichnung: Weiss)

ten kann man entlang der Seiten- und Rückwände des Beckens Felsformationen bauen, die durch ihre horizontale oder vertikale Schichtung sehr natürlich wirken. Die zahlreichen Höhlen und Spalten schaffen wertvolle Reviergrenzen, Brut- und Versteckplätze. Besonders brütende Weibchen und kleine Jungfische finden hier Schutz vor den Nachstellungen durch Artgenossen.

Viele Aquarianer bevorzugen Lochgestein, das meist aus Jugoslawien importiert wird. Dieses meist weiße Gestein wird in unterschiedlich großen Blöcken angeboten. Es sieht sehr hübsch aus und bietet mit seinen vielen runden und unterschiedlich großen Löchern ähnliche Vorteile wie die Spalten zwischen Sandsteinplatten. Gelingt es, diese Steine im Aquarium von einer grünen Algenschicht bewachsen zu lassen (viel Licht!), dann wirken sie noch einmal so schön.

Eine dritte Alternative ist Lava aus der Eifel. Die braunroten, runden Steine entsprechen mit ihrer Form und Farbe wohl am wenigsten den natürlichen Gegebenheiten des nachgeahmten Lebensraumes, bieten aber einen wichtigen Vorteil: Aufgrund des geringen Ge-

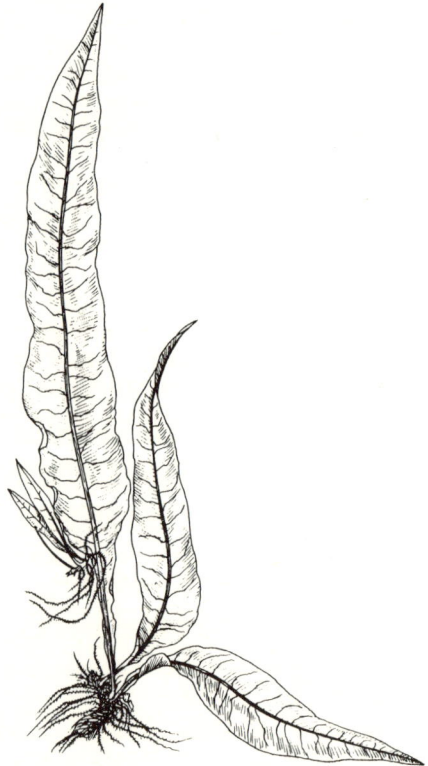

Der Javafarn, *Microsorium pteropus*, eignet sich gut zur Bepflanzung eines Felsbiotops, da er mit feinem Draht an den Steinen verankert werden kann und nicht in den Bodengrund gepflanzt werden sollte. (Zeichnung: Brünner)

wichts ist die Gefahr des Glasbruchs weitaus geringer als bei den anderen Steinen. Ein wesentlicher Nachteil der Lava liegt in der ungünstigen Form und der rauhen Oberfläche: Mit den einzelnen runden Blöcken läßt sich nur schwer eine natürlich wirkende Dekoration schaffen, und an der rauhen Oberfläche hat sich schon so mancher Fisch verletzt, wenn er panikartig in der Lavageröllzone Schutz vor einem Verfolger suchte.

Pflanzen fehlen im Felslitoral des Malawisees. Wer aus ästhetischen Gründen dennoch eine Begrünung seines Aquariums vornehmen möchte, kann das aber durchaus tun. Die meisten Mbunacichliden lassen sich auch in einem bepflanzten Aquarium pflegen. Riesenvallisnerien, die man zwischen den Steinaufbauten im Bodengrund (Sand-Kies-Gemisch) verankert, wirken mit ihren flutenden Blättern sehr dekorativ. Javafarn, *Microsorium pteropus,* und *Anubias barteri* sind zwei Wasserpflanzen, die zwar ebenfalls nicht »biotopgerecht« genannt werden dürfen, die aber den Vorteil haben, daß sie robust sind und sich vor allem auf den Felsformationen verankern lassen, wo sie im Laufe der Zeit festwachsen. Außerdem sind sie nicht besonders lichthungrig und relativ hart, so daß auch raspelnde Cichlidenmäuler ihnen nicht viel anhaben.

Mit Moorkienwurzeln können wir die Einrichtung weiter auflockern, sollten uns die vielen Steine zu eintönig erscheinen. Totes Holz findet sich auch im Uferbereich des Malawisees.

Bei einem relativ *großen* Fischbesatz muß ein leistungsstarker Filter für klare

Verhältnisse sorgen. Die Temperatur sollte 26 bis 27 °C betragen. Das Wasser des Malawisees weist eine recht hohe Härte (über 10° dGH) und einen alkalischen pH-Wert auf. Obwohl die Fische des Malawisees recht anpassungsfähig sind und besonders als Nachzuchttiere mit den meisten Leitungswässern vorliebnehmen, sollte man es doch vermeiden, sie in sehr weichem und saurem Wasser zu halten.

Vorschläge für den Fischbesatz

In einem Aquarium mit einer Grundfläche von 150 × 60 Zentimetern können wir zwei bis drei Mbuna-Arten miteinander vergesellschaften. Allerdings empfiehlt es sich, pro Art nur ein Männchen, also insgesamt höchstens drei Männchen einzusetzen, die schon bald Reviere besetzen und verteidigen. Pro Männchen sollten wenigstens zwei bis drei Weibchen vorhanden sein, denn diese Maulbrüter sind ja agam (»ehelos«) und gehen keine feste Paarbindung ein.

Hier können nur einige Arten stellvertretend für die vielen in Frage kommenden Mbunas genannt werden. Einer der bekanntesten ist sicher *Pseudotropheus zebra,* der in verschiedenen Populationen im Malawisee vorkommt. Je nach Fundort können die blau-schwarz gestreiften Männchen eine blaue, rote, gelbe oder andersfarbige Rückenflosse tragen. Weibchen zeigen sich einfarbig braun, grau oder auch gelb und schwarz gescheckt. Männchen von *P. lombardoi* bekommen, wenn sie geschlechtsreif

sind, ein zitronengelbes Farbkleid, während die Weibchen metallisch blau aussehen und schwarze Querstreifen tragen. Längsgestreift zeigen sich die *Melanochromis*-Arten, von denen der Türkisgoldbuntbarsch die bekannteste sein dürfte. Männchen tragen auf schwarzem Untergrund zwei helle, gelbe oder türkisfarbene Längsstreifen, während die Weibchen kräftig gelb gefärbt sind und schwarze Längsbinden aufweisen. Auffälligstes Merkmal der *Labeotropheus*-Arten ist die vorstehende »Nase«, die dadurch entsteht, daß das Maul dieser Fische extrem unterständig ist. Beide Arten, *L. fuelleborni* und *L. trewavasae,* sind weit im Malawisee verbreitet, so daß auch sie verschiedene Standortvarianten hervorgebracht haben. Weitere pflegenswerte Arten stammen aus den Gattungen *Labidochromis,* die man als die »Zwergcichliden« unter den Mbunas bezeichnen kann, *Iodotropheus* und *Petrotilapia.* Für die Pflege der zuletzt genannten Gattung benötigt man aber größere Aquarien.

Natürlich müssen Mbunas in einem Malawi-Felslitoral-Aquarium nicht die einzigen Fische sein, denn in diesem Lebensraum gibt es ja auch noch andere Arten, die allerdings selten importiert werden. Gelegentlich finden Fiederbartwelse der Gattung *Synodontis* ihren Weg zu uns Liebhabern, und diese Fische lassen sich gut mit Buntbarschen vergesellschaften, zumal einige eine Fortpflanzungsstrategie entwickelt haben, mit der sie auf Buntbarsche angewiesen sind und die sie zu höchst interessanten Beobachtungsobjekten macht: Sie schieben ihre Eier brütenden Cichlidenweibchen unter, zeigen also ein regelrechtes Kuckucksverhalten.

Ähnliche Felsuferbereiche finden sich auch in dem zweiten großen Grabenbruchsee Afrikas, dem Tanganjikasee. Da dieser Lebensraum im wesentlichen dem Malawisee entspricht, nenne ich hier lediglich einige Fische, die für ein Tanganjika-Felslitoral-Aquarium in Frage kommen. Von den Buntbarschen sind an erster Stelle die maulbrütenden Arten der Gattungen *Tropheus, Petrochromis* (äußerst aggressiv!) oder *Simochromis* zu nennen, daneben aber auch verschiedene Höhlenbrüter der *Lamprologus*-Verwandtschaft, zum Beispiel die großen *Lepidiolamprologus*-Arten, für die wir aber geräumige Aquarien benötigen. Im übrigen behandelt das Kapitel »Geröllzone im Tanganjikasee« weitere Fische dieses Gewässers, die für die Aquaristik bedeutsam sind.

Geröllzone im Tanganjikasee

Der natürliche Biotop und seine Bewohner

In gewisser Weise ähnelt dieser Lebensraum den Gebirgsflüssen der mittelamerikanischen Landbrücke: Felsgeröll, rundgeschliffen, von Faust- bis Fußballgröße, erstreckt sich über weite Bereiche, an manchen Stellen bis zum Horizont. Es beginnt im ganz flachen, nur wenige Zentimeter tiefen Wasser der unmittelbaren Ufernähe und setzt sich bis ins tiefere Wasser des sacht abfallenden Bodengrundes fort. Ziehen starke Winde auf, jagen meterhohe Wellen über das Geröll auf den Strand zu, überschlagen sich und rollen zurück in den See. Auf diese Weise entsteht mitunter eine sehr starke Strömung. Da das Wasser die meiste Zeit des Jahres sehr klar ist, kann die Sonne ungehindert einstrahlen und dafür sorgen, daß ein dichter Algenteppich auf der Oberfläche der Kieselsteine wächst. In den Algen finden Kleintiere, zum Beispiel Insektenlarven, Ruderfußkrebschen, Würmer, Schnecken und Muscheln, ihren Lebensraum.

Geröllzone Tanganjikasee
Oben: Unterwasseraufnahme in einem Gerölluferbereich des Tanganjikasees (Sambia, Cape Chipimbi); bei den Buntbarschen in der Bildmitte handelt es sich um *Simochromis babaulti*, eine maulbrütende Art. (Foto: Herrmann)

Unten: »Kuckuckswelse« taufte man diese Fiederbartwelse (*Synodontis petricola*), die ihre Eier laichenden maulbrütenden Cichliden unterschieben und von ihnen erbrüten lassen. (Foto: Stawikowski)

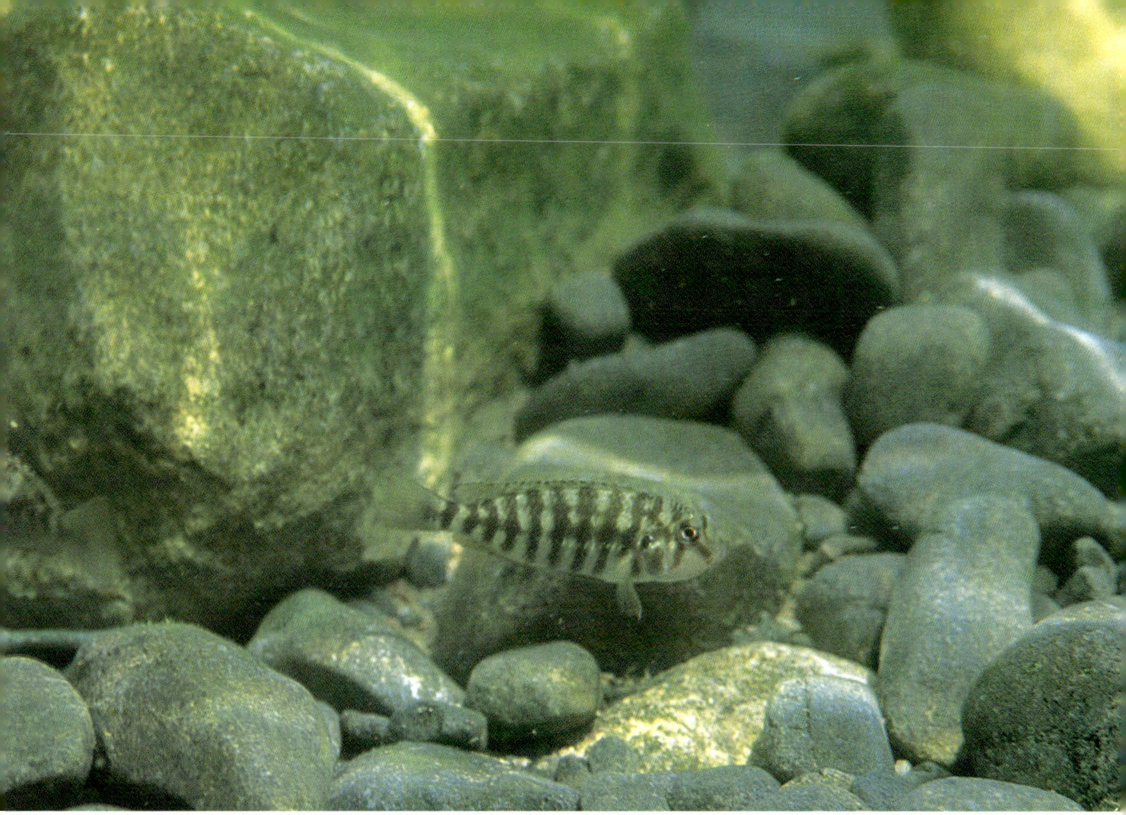
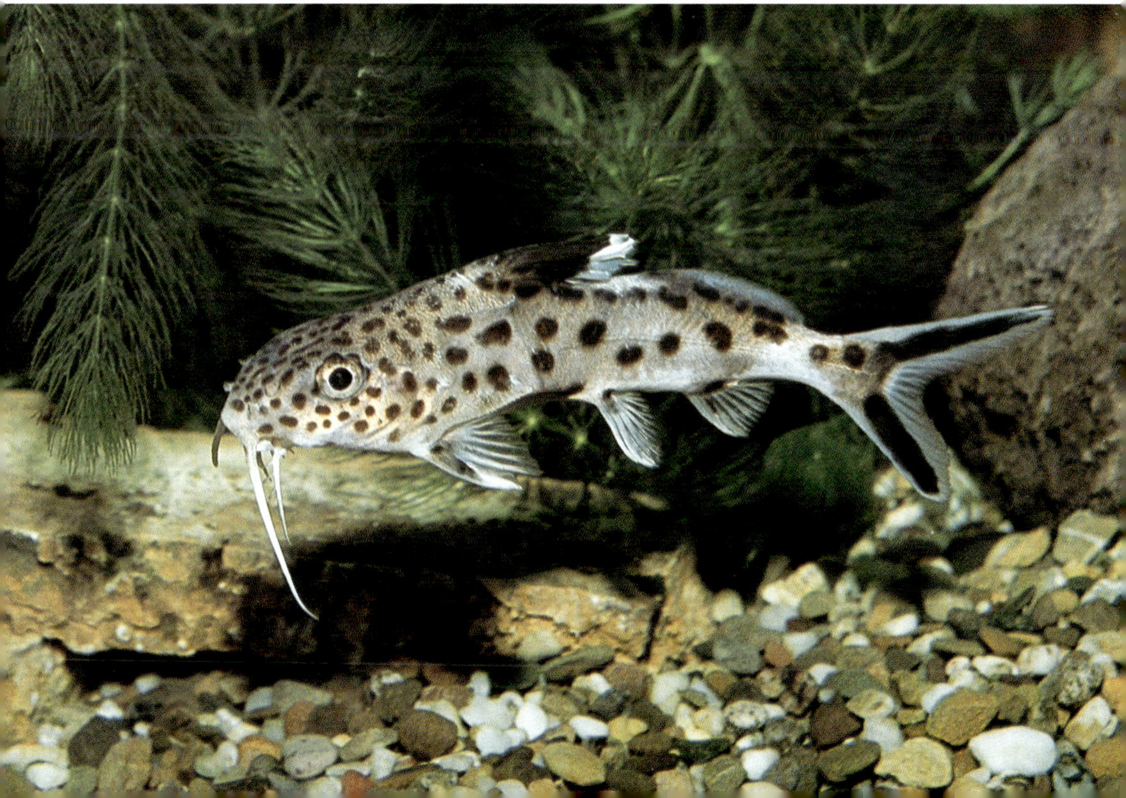

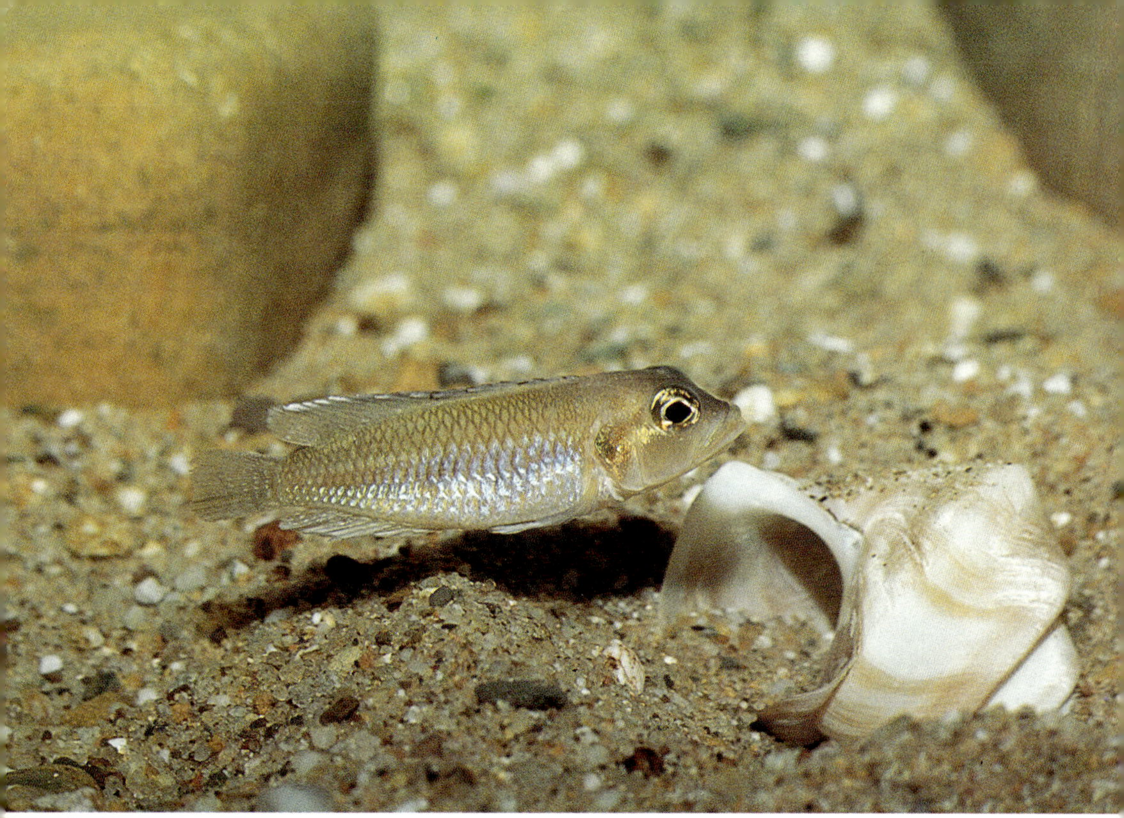

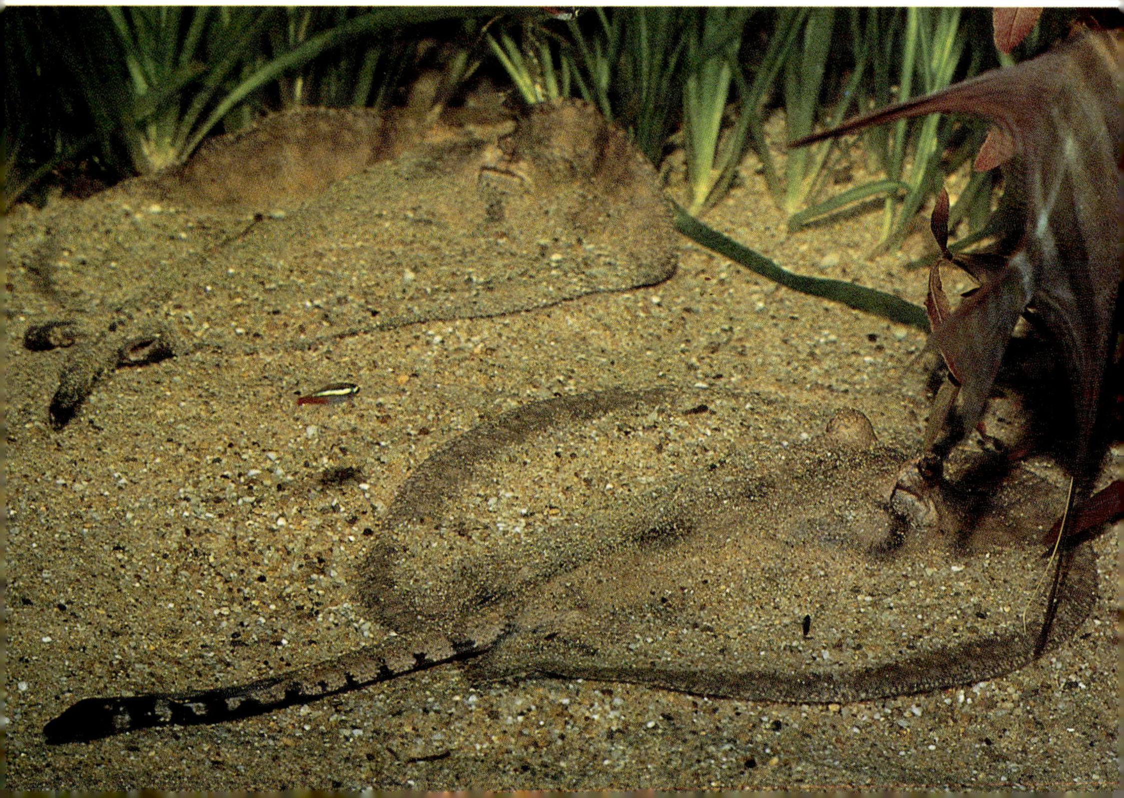

Geröllzone

In diesem Geröllbiotop lebt eine große Zahl von Fischen, die aus der heutigen Aquaristik kaum wegzudenken sind. Das Geröllufer ist ein typischer Lebensraum im ostafrikanischen Tanganjikasee. Es ist in dieser Form nicht vom Malawisee bekannt; dort bedeutet felsiger Lebensraum immer große, tief abfallende Steinflächen und riesige Felsquader an den Küsten und Riffen.

In der Geröllzone mit ihren vielen Spalten und Nischen dominieren höhlenbrütende Cichliden. Es gibt jedoch auch maulbrütende Buntbarsche und Fische aus anderen Familien, die aber in der Minderheit sind, was sich auch in den Aquarien der Tanganjikaliebhaber widerspiegelt.

Weite Flächen, die mit mehr oder weniger gleichförmigem Felsgeröll bedeckt sind, erwecken auf den ersten Blick einen ähnlichen Eindruck wie endlose Sandböden. Und doch ist die Geröllzone keine tote Unterwasserwüste; bei genauem Hinsehen entdeckt man, daß es hier von Fischen geradezu wimmelt.

Betrachten wir die unterschiedlichen Buntbarsche, die sich diesen Lebensraum ausgewählt haben: Im nur wenige Zentimeter tiefen Wasser huschen gestreckte, kleine Cichliden auf den Felsen umher, besetzen und verteidigen Reviere, balzen und laichen miteinander und verteidigen sogar ihre frei schwimmenden Jungfische. Die Fische sind Maulbrüter, die jedoch in ihrem Verhalten in mancherlei Weise von dem bekannten Schema des Maulbrüters mit Mutterfamilie, wie man es etwa von den Malawicichliden kennt, abweichen. Diese Fische gehen eine feste Paarbindung ein, und beide Eltern beteiligen sich an der Betreuung ihrer Nachkommen. Die Details sind bei den vier derzeit beschriebenen Arten der drei Gattungen *Eretmodus*, *Spathodus* und *Tanganicodus* zwar ein wenig verschieden, doch überwiegen die Gemeinsamkeiten. Auch die Schwimmweise dieser Fische weicht von der vieler anderer Cichliden ab: Als Bewohner der Flachwassergeröllzone sind sie gar nicht mehr in der Lage, sich frei schwimmend in höheren Wasserschichten aufzuhalten. Ihre Schwimmblase ist verkümmert, und ihre Fortbewegungsweise erinnert an das ungeschickte Hüpfen oder Huschen von Schmerlen und Grundeln. So lag es nahe, diese Buntbarsche »Grundelcichliden« zu taufen, und unter diesem Namen sind sie auch in der Aquaristik bekannt. Die Schwimmbewegungen der Grundelbuntbarsche erinnern auch an manche rheophile Cichliden. Das sollte nicht verwundern, denn im Brandungsbereich des Tanganjikasees ist das Wasser ja ebenfalls stark bewegt, und hier wäre es genauso sinnlos, frei im Wasser zu schweben wie in den Strom-

Sandboden
Oben: Bemerkenswerte Sandbodenbewohner des Tanganjikasees sind die kleinen Schneckenbuntbarsche; hier ein *Lamprologus ocellatus* vor seinem »Wohnhaus«.

Unten: Süßwasserstechrochen, hier eine *Potamotrygon*-Art aus Amazonien, verlangen nicht nur viel freie Fläche, sondern auch einen feinen, keinesfalls scharfkantigen Bodengrund. (Fotos: Stawikowski)

schnellen südamerikanischer oder westafrikanischer Flüsse. Somit ist die unbeholfene Schwimmweise eine ähnliche Anpassung an einen strömungsreichen Biotop wie etwa bei den Buckelkopfcichliden aus dem Zaire River oder den *Teleocichla* aus Brasilien.

Begibt man sich ein wenig weiter und tiefer in das Wasser, dann begegnet man anderen Buntbarschen: Arten, die nicht auf den Steinen umherhuschen, sondern es vorziehen, sich zwischen den Felsblöcken zu bewegen, wo sie Schutz vor möglichen Feinden finden. Auch diese Buntbarsche sind Maulbrüter, jedoch keine mit einer festen Paarbindung. Es sind überhaupt noch keine ausgewachsenen und geschlechtsreifen Tiere, die sich hier im Geröll zu verbergen suchen, sondern Jungtiere und Halbwüchsige, die schon ohne die schützende Betreuung der Eltern leben können. Hauptsächlich handelt es sich um junge *Tropheus,* die eine ähnliche Form der Brutpflege haben wie die *Haplochromis*-Verwandten des Malawisees. Die Weibchen laichen mit den Männchen, nehmen die Eier sofort ins Maul und erbrüten sie allein. Die Zahl der Eier ist nicht sehr hoch; dafür sind die Eier so groß wie Erbsen, und entsprechend lange dauert es, bis die Jungen ihren Dottervorrat aufgezehrt haben und aus dem Maul entlassen werden. Mit ihrer Größe von rund 1,5 Zentimetern haben die Kleinen im schützenden Geröll gute Chancen zu überleben, zumal sie sich zu größeren Schwärmen zusammenschließen. Sind sie zu adulten Tieren herangewachsen, ziehen sie wieder in das tiefere Wasser, wo sie in größeren Verbänden algenweidend umherstreifen. *Tropheus moorii* kommt im gesamten Tanganjikasee in über 30 unterschiedlich gefärbten Standortvarianten vor.

In zwei bis drei Meter Wassertiefe findet man immer häufiger schlanke, zylindrische Fische, die bei der geringsten Gefahr oder Störung blitzschnell zwischen den Steinen verschwinden. Mitunter verteidigen sie auch eine Höhle oder Felsspalte gegen andere Fische, vornehmlich gegen Artgenossen. Diese Cichliden sind Höhlenbrüter, die meist feste Paare bilden und dann eine Nische im Geröll als Wohn- und Laichplatz besetzen. Sie heften ihre zahlreichen weißen, gelben, orangefarbenen oder auch grünen, dotterreichen Eier an eine Höhlenwand oder an die Höhlendecke. Sie bewachen ihr Gelege und fächeln ihm mit den Flossen ständig frisches Wasser zu. Hin und wieder belutschen sie die Eier sogar mit dem Maul, als wollten sie prüfen, ob auch alles in Ordnung ist. Drei bis vier Tage dauert es, bis die Embryonen schlüpfen. Oft werden sie behutsam aus den Eihüllen herausgekaut und in einer Mulde innerhalb der Bruthöhle abgelegt, wo sie weitere fünf bis sieben Tage benötigen, um sich zu schwimmfähigen Jungfischen zu entwickeln. Schwärmen die Kleinen dann aus, werden sie weiterhin von ihren Eltern im Laichrevier geduldet und gegen Freßfeinde verteidigt. Zu diesen höhlenbrütenden Buntbarschen gehören verschiedene Arten der *Lamprologus*-Verwandtschaft aus den Gattungen *Lamprologus, Neolamprologus, Telmatochromis* usw. Die meisten Arten werden nicht sehr groß (bis rund zehn Zentimeter) und zeigen neben einer ansprechenden Körperform und Beflossung auch hübsche Farben.

Bei den »gabelschwänzigen« *Neolamprologus-*, aber auch bei den *Julidochromis-*Arten beteiligen sich ältere Jungfische an der Betreuung der nachfolgenden Gelege. Die *Julidochromis* zeigen noch eine weitere Besonderheit. Sie schwimmen mit ihrem schlanken Körper immer in sehr engem Kontakt zum festen Substrat: über Steinen mit dem Bauch nach unten, unter Steinen mit dem Bauch nach oben und an senkrechten Flächen mit dem Bauch zum vertikalen Substrat.

Je weiter man sich vom Ufer entfernt und in tieferes Wasser hinabsteigt, um so größer werden auch die Fische, die man über und zwischen dem Felsgeröll beobachten kann. Höhlenbrüter aus den Gattungen *Neolamprologus, Lamprologus, Altolamprologus* oder *Lepidiolamprologus* geben sich hier ein Stelldichein mit maulbrütenden Arten, wie *Tropheus, Petrochromis, Cyphotilapia* oder den Fadenmaulbrütern (*Ophthalmotilapia, Cunningtonia, Cyathopharynx*).

Nicht nur Buntbarsche leben in oder über dem Felsgeröll. Gelegentlich trifft man Fiederbartwelse (Mochocidae) aus der Gattung *Synodontis*, zum Beispiel den attraktiven *S. petricola*. Diese Welse heißen auch Kuckuckswelse, weil sie ihre Eier von tragenden Maulbrüterweibchen erbrüten lassen. Untersuchungen haben gezeigt, daß sich die viel schneller entwickelnden Welsjungen im Maul der »Amme« sogar von deren eigenen Nachwuchs ernähren! Dieser spannende Brutparasitismus läßt sich auch im Aquarium beobachten.

Auch ein Killifisch bewohnt die Geröllufer. Der Tanganjika-Leuchtaugenfisch, *Lamprichthys tanganicanus,* ist ein gut zwölf Zentimeter langer Kärpfling, der hinsichtlich seiner Farbenpracht und seiner eleganten Schwimmweise den Buntbarschen in nichts nachsteht. Die Männchen dieses oft in großen Schwärmen vorkommenden Eierlegenden Zahnkarpfens erstrahlen in einem Prachtkleid aus unzähligen blauen Glanztüpfeln, die sich über den gesamten Körper und die Flossen erstrecken. Ständig sind sie damit beschäftigt, die weniger auffälligen Weibchen anzubalzen. Gelingt es ihnen, ein laichbereites Weibchen herbeizulocken, dann drücken sich die Fische vor einer Steinspalte gegeneinander und stoßen gleichzeitig Eier und Spermien aus. Die klebrigen, elastischen Eier werden regelrecht in die schmalen Steinritzen hineingeschleudert. Sicher fallen etliche *Lamprichthys*-Eier Laichräubern zum Opfer, doch ein genügend großer Teil entwickelt sich; die geschlüpften Jungfische finden sich zu großen Schwärmen zusammen und wachsen in der flachen Geröllzone zu geschlechtsreifen Tieren heran.

Einrichtung des Aquariums

Um diesen vielfältigen Lebensraum zu Hause nachzubilden, wählt man am besten ein Aquarium mit einer möglichst großen Grundfläche. Gut geeignet ist ein Behälter mit den Maßen $150 \times 70 \times 50$ Zentimeter (Länge $\times$ Breite $\times$ Höhe).

Geröllzone

Kiesel, wie man sie in manchen Bachbetten findet oder auch in einem Bau- und Gartencenter kaufen kann, sind das ideale Dekorationsmittel. Nachteilig ist natürlich das außerordentlich hohe Gewicht. Hat man ein Eternit- oder ein gemauertes Aquarium zur Verfügung, stellt das Gewicht kein Problem dar, doch bei einem Nurglasaquarium ist Vorsicht geboten. Das Becken muß auf jeden Fall ausreichend starke Scheiben haben (zwölf Millimeter für die Bodenscheibe) und auf einer ganzflächigen, stabilen Unterlage stehen.

Für die empfehlenswerte Wasserströmung sorgen eine oder zwei starke Kreiselpumpen, die auch zusätzlich zum Filter angeschlossen sein dürfen. Die Beleuchtung sollte nicht zu schummerig sein, doch wird es uns kaum gelingen, im Aquarium einen kräftigen Algenwuchs zu erzielen, der den Fischen als Nahrung dienen kann. Wollen wir das

Algenweiden beobachten, müssen wir auf andere Mittel zurückgreifen: So können wir im Sommer Kieselsteine draußen im Garten oder auf dem Balkon veralgen lassen, indem wir sie in einem wassergefüllten Gefäß in die pralle Sonne stellen. Die veralgten Steine bringen wir anschließend in das Aquarium, wo sie in kürzester Zeit von den Fischen blankgefressen werden.

Die Wassertemperatur unseres Tanganjika-Aquariums sollte rund 26 °C betragen. Bekanntlich hat auch der Tanganjikasee alkalisches, relativ hartes Wasser. Wer sehr weiches Leitungswasser zur Verfügung hat und nicht in der Lage

Auch in einem Aquarium, das einen Ausschnitt aus der Geröllzone des Tanganjikasees nachbildet, greifen wir in erster Linie auf Steine als Dekorationsmittel zurück; auch hier sind kleinere Höhlen sinnvoll. (Zeichnung: Weiss)

oder bereit ist, das Wasser aufzuhärten, der sollte besser andere Fische pflegen. Damit die Dekoration nicht gar so trostlos aussieht, können wir den Hintergrund und die Seiten mit großen Steinen gestalten, oder wir bepflanzen diese Randzonen, etwa mit hochwüchsigen Vallisnerien oder den bei Cichlidenfreunden beliebten *Cryptocoryne aponogetifolia*. Auch wenn die Fische aus ihrer Heimat eigentlich keine Pflanzen kennen, nehmen sie uns diese Dekoration bestimmt nicht übel.

Vorschläge für den Fischbesatz

Beginnen wir mit den Grundelbuntbarschen. Da diese Cichliden eine Paarbindung eingehen, setzen wir am besten vier bis sechs Exemplare einer Art in das Aquarium. Die Paare finden sich dann nach einiger Zeit selbst. Da Grundelbuntbarsche aber ebenso territorial sind wie die höhlenbrütenden Arten, beschränken wir uns auf die Pflege von ein oder zwei Paaren insgesamt. Alle Grundelbuntbarsche reagieren empfindlich auf eine falsche, besonders auf eine ballastarme, eiweißreiche Ernährung. Deshalb müssen wir bemüht sein, auf Futtermittel wie Rinderherz oder *Tubifex* zu verzichten, und den Fischen statt dessen Kleinkrebse, pflanzliche Nahrung usw. anbieten.

Sollen weitere Maulbrüter in dem Aquarium gepflegt werden, etwa *Tropheus,* dann gilt für die Ernährung das gleiche. Diese Fische lassen sich ohne weiteres mit Grundelbuntbarschen vergesell-schaften; sie sind zwar auch territorial, leben aber nicht so stark bodenorientiert. *Tropheus moorii* pflegen wir am besten in einer Gruppe aus sechs bis zehn Exemplaren, die wir gemeinsam als Jungfische einsetzen. Innerhalb dieser Gruppe stellt sich bald eine hierarchische Ordnung ein, in die neu hinzugesetzte, fremde Tiere kaum eindringen können. Das muß man berücksichtigen, wenn man brütende Weibchen mit ihrem Nachwuchs zeitweilig aus dem Aquarium entfernt, um die Jungfische gesondert aufzuziehen. Es kann sehr schwierig sein, das Weibchen später wieder in den Verband einzugliedern. Verschiedene, näher miteinander verwandte Populationen von *T. moorii* können sich im Aquarium untereinander kreuzen. Das gilt zum Beispiel für die nördlichen Formen, für die südlichen oder für die des Küstenbereichs von Zaire (jeweils untereinander). Um das zu verhindern und die einzelnen Rassen rein zu erhalten, sollte man solche Formen nicht vergesellschaften.

Die mit *Tropheus* verwandten *Petrochromis* sind um einiges aggressiver. Diese Fische sollte nur pflegen, wer über wirklich große Aquarien verfügt. In einem Becken der hier genannten Größe ist es einfacher und sinnvoller, zum Beispiel ein Männchen und zwei bis vier Weibchen von *Cyphotilapia frontosa* einzusetzen, denn diese Maulbrüter sind lange nicht so aggressiv. Sie sind auch weniger schwimmfreudig und »hektisch«, so daß sie – im Gegensatz zu den ständig in Bewegung befindlichen *Tropheus* – eine gewisse Ruhe in das Aquarium bringen.

Von den höhlenbrütenden Buntbarschen wird es auf die Dauer sinnvoll sein, einzelne Paare zu pflegen, denn die Paarbindung dieser Fische erstreckt sich über lange Zeiträume und dauert nicht nur während der Phase des Jungfischbetreuens an. Anders verhält es sich, wenn man Arten wählt, die einen regelrechten Familienverband gründen, wie etwa *Neolamprologus brichardi* und verwandte Formen. Hier wird sich im Laufe der Zeit von selbst eine »Familie« bilden, die gemeinsam ihre Laichhöhle und ihr Territorium verteidigt. Paarbildende Arten, die um zehn Zentimeter groß werden, sind zum Beispiel der hübsche zitronengelbe *N. leleupi,* der ebenfalls gelbe, aber schlankere *N. longior,* der attraktiv schwarz-beige gestreifte, mit blauen Flossensäumen versehene *N. cylindricus,* der schwarz-hellbraun längsgestreifte, gabelschwänzige *N. buescheri* oder die seitlich extrem zusammengedrückten *Altolamprologus compressiceps* und *A. calvus,* die zum Laichen sehr enge Steinplatten bevorzugen. Größere Arten mit fester

Paarbindung sind *Neolamprologus tetracanthus, N. fasciatus* oder die räuberischen, das tiefere Wasser bewohnenden *Lepidiolamprologus*-Arten.

Nicht-Cichliden, die als Beifische in Frage kommen, sind bereits genannt worden: Von *Synodontis petricola* können wir durchaus eine Gruppe halbwüchsiger Tiere einsetzen. Diese Welse sind schwimmfreudig und belästigen die Buntbarsche – außer laichende Maulbrüter – nicht; sie werden daher kaum als Konkurrenten aus den Revieren der Cichliden vertrieben. Ähnlich verhält es sich mit *Lamprichthys tanganicanus;* doch sollte man sich davor hüten, diese schlanken Fische mit solchen Räubern wie *Lepidiolamprologus*-Arten zu vergesellschaften, denn die würden sie als Beute betrachten. Für ein Aquarium mit kleineren und friedlichen Buntbarschen sind sie eine Bereicherung, zumal sie sich gern in den freien Bereichen des Wassers aufhalten. Ein kleiner Schwarm sollte es aber schon sein, denn in der Natur leben diese Kärpflinge auch in größeren Verbänden.

Unterwasserwüsten: Leben auf Sand

Der natürliche Biotop
und seine Bewohner

Weite Flächen aus reinem Sand findet man in vielen tropischen Gewässern als

Bodengrund. Entlang der mächtigen Urwaldströme Amazoniens oder im küstennahen Westafrika erstrecken sich mitunter breite, lange Sandstrände, an denen der Untergrund nur sanft zum tie-

Sandboden

feren Flußbett abfällt. In unmittelbarer Ufernähe ist das Wasser an solchen Stellen nur wenige Zentimeter tief, und doch findet man eine Vielzahl von Fischen – Arten, die sich in verschiedenster Weise an das Leben in dieser auf den ersten Blick so feindlichen, wüstenartigen Umgebung angepaßt haben. Meist sieht man es ihnen schon auf den ersten Blick an, daß sie ausgesprochene Sandbewohner sind: Ihr Körper ist entweder lang und schlank, mitunter gar wurmförmig gestreckt, so daß sie in der Lage sind, blitzschnell im sandigen Untergrund zu verschwinden, wenn eine Gefahr droht (zum Beispiel Aale, Messerfische, Schmerlen und Schmerlenwelse). Oder sie besitzen einen flachen, scheibenförmigen Körper, mit dem sie platt auf dem Untergrund liegen, wobei ihre Oberseiten meist noch Farben und Zeichnungsmuster zeigen, die sie optisch tarnen, so daß sie auf den ersten Blick gar nicht zu sehen sind. Aber auch diese flachen Fische sind in der Lage, im Bodengrund zu verschwinden. Mit wellenförmigen Körperbewegungen tauchen sie genauso schnell wie ihre dünnen Vettern in den schützenden Untergrund, aus dem dann manchmal nur noch die Augen hervorschauen, die sich hoch oben auf dem Kopf befinden – eine weitere Anpassung an das Leben in Sandzonen. Beispiele für Fische dieses Typs findet man unter anderem in den Familien der Plattfische, Rochen, Harnischwelse und Bratpfannenwelse.

Auch die großen afrikanischen Seen Malawi und Tanganjika weisen in weiten Bereichen Sandboden auf, in Form seichter Strände in Ufernähe, aber auch in tieferen Zonen. Taucher haben interessante Beobachtungen in solchen Biotopen gemacht und Fische entdeckt, die weitere Strategien entwickelt haben, um in einer Umgebung zu überleben, die nicht nur eine sehr begrenzte Anzahl an sicheren Unterschlupf- und Versteckplätzen zu bieten hat, sondern die auch nur wenige brauchbare Laichsubstrate enthält.

In beiden Seen sind es in erster Linie verschiedene Buntbarsche, die sich einige »Tricks« ausgedacht haben, um hier zu überleben. Maulbrütende Arten sind ohnehin weniger an ein festes Laichsubstrat gebunden, weil sie ja ihre Eier im schützenden Maul unterbringen, wo dann die gesamte Entwicklung und die weitere Brutpflege stattfinden. Während manche Arten eine einfache Grube als Laichrevier und -substrat im Sandboden ausheben, bauen andere komplizierte Nester. So gibt es Cichliden, die einen hohen Kegel aus Sand errichten, den sie in mühsamer Arbeit im Maul herbeitragen. Auf der Spitze des Kegels befindet sich eine trichterförmige Vertiefung, in die das Männchen laichbereite Weibchen lockt, um dort mit ihnen zu laichen. Andere Arten bauen regelrechte Burgen, manchmal sogar mit mehreren »Türmchen«, die ihr Revier gegen Nachbarreviere abgrenzen. Solche komplizierten Nestbauten hat man bei verschiedenen »Sandcichliden« des Tanganjikasees aus der Gattung *Xenotilapia* beobachtet. Das Laich- und Brutverhalten dieser Fische spielt sich in der gleichen Weise ab wie bei vielen anderen Maulbrütern aus den beiden großen Seen. Männchen und Weibchen drehen sich über dem Laichsubstrat auf einer kreisförmigen Bahn, wobei sie Eier und Spermien absetzen. Unmittelbar vor der Aufnahme der Eier in das Maul oder – je nach Art – auch erst nach dem Aufsammeln der Eier durch das Weibchen erfolgt die Besamung. Bei vielen Arten übernimmt das Weibchen allein die Aufgabe, die Eier im Laufe der folgenden zwei oder drei Wochen im Maul zu erbrüten und die Larven so lange zu betreuen, bis sie selbständig lebensfähig sind.

Bei vielen Sandcichliden des Tanganjikasees ist diese Form der Brutpflege jedoch nicht zu beobachten: Männchen und Weibchen gehen vielmehr eine Paarbindung ein, die weit über die Balz und das Laichen hinaus andauert. Männchen und Weibchen teilen sich die Aufgabe des Brütens und der weiteren Brutpflege. Je nach Art wechseln sich die Partner beim Tragen der Jungen ab, oder das Männchen löst das Weibchen nach einiger Zeit ab und übernimmt allein die weitere Betreuung der Brut.

Eine höchst interessante Form der Brutpflege bei verschiedenen sandbewohnenden Tanganjikacichliden ist das Laichen in leeren Schneckenschalen: Diese Fische sind, wie die vielen Verwandten aus der Fels- und Geröllzone, Höhlenbrüter, die ihre Eier in einem sicheren Versteck ablegen. Höhlen in Form von Steinspalten gibt es auf den weiten, deckungslosen Sandflächen natürlich nicht. Aber vielerorts findet man die leeren Schalen abgestorbener Schnecken der Gattung *Neothauma*. In ihnen haben verschiedene kleine Buntbarsche der *Lamprologus*-Verwandtschaft Ersatzhöhlen gefunden. Manche dieser Arten bringen die als Laichhöhle ausgewählte Schneckenschale in eine bestimmte Position, indem sie sie mit dem Maul und mit kräftigen Flossenbewegungen eingraben, bis die Öffnung in einem besonderen Winkel aus der Sandfläche herausschaut. Andere bewohnen oft in größeren Gruppen, Schneckenfriedhöfe, also große Ansammlungen von Schneckenschalen, in denen sie für sich und ihre Nachkommen genügend Versteck- und Laichplätze finden. Wieder andere bewohnen nur zur Laichzeit Schneckenschalen; die übrige Zeit ziehen sie in großen Schulen umher und streifen auf der Nahrungssuche über die weiten Sandflächen. Bei ihnen sind die Männchen oft um ein Vielfaches größer als die Weibchen, so daß beim Laichen nur das Weibchen in die Schneckenschale einschwimmen kann; die Besamung der Eier durch das Männchen findet von außen statt, indem sich das Männchen quer vor den Eingang der Höhle legt und abspermt. Eine Wasserströmung, hervorgerufen durch die Flossenbewegungen der laichenden Fische, spült die Spermien zu den Eiern im Inneren der Schneckenschale.

Obwohl die freien Sandflächen des Malawi- und Tanganjikasees vornehmlich von Buntbarschen besiedelt werden, gibt es hier auch andere Fische: Stachelaale zum Beispiel, die mit ihrer schlanken, aalförmigen Gestalt in ähnlicher Weise im Sandboden eintauchen, wie das in Sandgewässern Südamerikas zum Beispiel verschiedene Messerfische können. Doch werden diese Fische nur selten für die Aquaristik importiert.

Sandboden

Einrichtung des Aquariums

Wie richten wir ein Sandbodenaquarium ein? Diese Frage ist schnell beantwortet. Die Hauptsache ist eine große, freie Sandfläche. Für ein Sandbodenaquarium bietet sich ein Becken an, das eine große Bodenfläche aufweist, was besonders bei der Pflege größerer Fische wichtig ist. Aber auch bei der Haltung der kleinen Schneckenbuntbarsche ist eine größere Fläche von Vorteil, weil wir dann die Möglichkeit haben, mehrere Paare gemeinsam zu pflegen, was interessante Beobachtungen zum Revierverhalten ermöglicht. Ein Behäl-

Damit die möglichst große freie Sandfläche nicht zu trostlos erscheint, können wir den Hintergrund und die Seiten des Aquariums bepflanzen oder mit einzelnen Moorkienwurzeln und Steinen auflockern. (Zeichnung: Weiss)

ter mit einer Bodenfläche von 150 × 70 Zentimetern ist zu empfehlen; er darf auch größer sein! Die Sandschicht sollte nicht zu flach sein. Zum einen benötigen die nestbauenden Maulbrüter und die Schneckencichliden eine gewisse Bodentiefe, um ihre Laichvorbereitungen treffen zu können, zum anderen haben viele den Sandboden bewohnende Fische ein bemerkenswertes Fluchtverhalten, das sie ebenfalls nur dann zeigen können, wenn der Untergrund tief genug ist: Diese Arten tauchen einfach in den Boden ein und entziehen sich so den Blicken ihrer Umgebung.

Damit das Aquarium nicht zu eintönig erscheint, können wir die Seiten und den Hintergrund mit Steinen, Moorkienwurzeln oder auch Pflanzen ausstatten. Wichtig ist nur, daß die Sandfläche wirklich frei bleibt, so daß unsere »Sandfische« sich hier richtig »austoben« können.

Die Wassertemperatur richtet sich nach der Herkunft und den Ansprüchen der gepflegten Fische (meist zwischen 25 und 27°C). Für viele Fische aus Sandregionen empfiehlt es sich, eine leichte Strömung durch eine starke Pumpe zu erzeugen.

Ein Aquarium für Buntbarsche aus dem Malawi- und Tanganjikasee statten wir an den Seiten und im Hintergrund mit einigen Steinplatten aus, die durch große, robuste Pflanzen aufgelockert werden können (Vallisnerien, *Anubias*). Im Gegensatz zu den Cichliden aus dem Malawi- und Tanganjikasee, die härteres, leicht alkalisches Wasser bevorzugen, brauchen südamerikanische Arten aus Sandbodenbiotopen weiches, leicht saures Wasser.

Vorschläge für den Fischbesatz

Aus dem Malawisee eignen sich verschiedene Arten der ehemaligen Sammelgattung »*Haplochromis*« für ein Sandbodenaquarium. Ein bekannter und beliebter Cichlide der Sandzone ist der stahlblaue *Cyrtocara moorii,* von dem wir, wenn wir die Art allein pflegen wollen, zwei Männchen und vier bis sechs Weibchen einsetzen können. Es ist aber auch möglich, die Art mit einer weiteren zu vergesellschaften, zum Beispiel mit *Fossorochromis rostratus.* Diese Art besitzt einen spitz zulaufenden Kopf, der bereits ahnen läßt, wie sie sich ernährt: Die Fische tauchen mit ihrem Kopf bis über die Augen in den Boden ein, nehmen eine Portion Sand auf und kauen ihn nach Freßbarem, wie Insektenlarven, Würmern usw., durch. Alles, was die Fische nicht verwerten können, spucken sie wieder aus oder lassen es aus den Kiemenöffnungen herausrieseln. Spätestens jetzt wird deutlich, daß der Sandboden des Aquariums nicht aus scharfkantigem, zu grobem Material bestehen darf.

Weitere Arten aus dem Malawisee, die sich für die Pflege in diesem Aquarium eignen, sind die Vertreter der Gattung *Lethrinops,* deren Männchen interessante Laichnester bauen. Alle diese Buntbarsche sind Maulbrüter im weiblichen Geschlecht.

Möchten wir das Aquarium mit Cichliden aus dem Tanganjikasee besetzen, dann bieten sich in erster Linie zwei Cichlidengruppen an: als Maulbrüter die »Sandcichliden« der Gattungen *Xenotilapia* und *Enantiopus,* als Höhlenbrüter die Schneckencichliden der Gattungen *Lamprologus, Neolamprologus* und *Telmatochromis.* Es ist sogar möglich, in einem Aquarium der hier vorgesehenen Größe beide Fischtypen miteinander zu vergesellschaften. Für die Schneckenbuntbarsche bringen wir ein Dutzend oder mehr Schalen von Weinbergschnecken ein. Alles weitere besorgen die Fische selbst. Je nach Art graben die Besitzer ihre »Häuser« im Boden ein, richten Sandwälle um ihr Domizil auf oder zerren so lange an den Schalen herum, bis sie die richtige Lage gefunden haben.

Arten, die in Frage kommen, sind: *Lamprologus ocellatus,* der eine Paarbindung eingeht und stark an seine Schneckenschalen gebunden lebt. Die

Zwei Männchen von *Lamprologus ocellatus,* die ihr Revier mit weit aufgerissenen Mäulern verteidigen. (Zeichnung: Sommer)

Tiere sind territorial und verteidigen ihr Revier heftig. Im Aquarium greifen die höchstens sechs Zentimeter langen Zwerge (Weibchen sind noch kleiner) sogar die Hand des Pflegers an! *Neolamprologus meeli* dagegen ist polygam, das heißt, ein Männchen laicht mit mehreren Weibchen. Diese Art zeigt nur während der Fortpflanzungszeit eine Bindung an Schneckenschalen, die die Fische während der Balz eingraben. Eine interessante Art ist auch *Lamprologus callipterus,* bei der die Männchen gut doppelt so groß sind wie die Weibchen, nämlich bis 15 Zentimeter. Auch diese Art ist polygam. Die Männchen tragen eine Ansammlung von Schneckenscha-len in einer Grube zusammen, in denen dann die Weibchen wohnen. Aufgrund ihrer Größe können die Männchen nicht in die Laichhöhle einschwimmen, sondern müssen die Eier von außen besamen. Bei Gefahr fliehen die Männchen ins freie Wasser, während sich die Weibchen in den Schneckenschalen verstekken. Aus der Gattung *Telmatochromis* sei hier nur die Art *T. dhonti* genannt, die ungefähr sieben Zentimeter lang wird. Diese Buntbarsche scheinen nicht unbedingt an Schneckenschalen als Laichsubstrat gebunden zu sein, denn es wurde beobachtet, daß sie auch in Höhlen zwischen Steinen laichen. Bei *T. dhonti* gehen die Männchen und Weibchen eine feste Paarbindung ein. Beide Partner besetzen gemeinsam eine Schneckenschale, die sie in den Boden eingraben, und sie verteidigen ein gemeinsames Revier.

Von den Maulbrütern seien hier je eine *Xenotilapia-* und *Enantiopus-*Art kurz vorgestellt. *Xenotilapia flavipinnis* ist einer der kleinsten Sandcichliden (acht Zentimeter lang). Die 20 bis 30 Eier werden zunächst vom Weibchen in das Maul genommen und bis zum neunten Tag oder länger erbrütet. Dann übergibt das Weibchen die Jungen, die noch einen kleinen Dottersack haben, an das Männchen. Erst wenn die Jungen einige Tage später frei schwimmen, beteiligt sich auch das Weibchen wieder an der Betreuung: Bei akuter Gefahr sammelt das Männchen die Jungfische ein, und das Weibchen verteidigt das kleine Revier. Sind die Jungen schließlich so groß geworden, daß sie nicht mehr alle Platz im Maul des Vaters finden, nehmen beide Eltern die Kleinen ins Maul. Man kann *X. flavipinnis* als Paar im Aquarium pflegen, doch entspricht die Haltung einer Gruppe eher den natürlichen Gegebenheiten.

Enantiopus melanogenys wird knapp 15 Zentimeter lang, läßt sich aber ebenfalls in einer Gruppe pflegen. Die Männchen legen große, flache Gruben an, in deren Zentrum sie eine flache Mulde ausheben. In diesem Krater laichen die Fische nach typischer Maulbrütermanier ab. Die Eier werden besamt, noch bevor sie das Weibchen ins Maul aufnimmt. Knapp drei Wochen dauert es, bis das Weibchen die Jungfische zum ersten Mal entläßt. Hier hat das Weibchen allein die Aufgabe, seine Nachkommenschaft zu betreuen. Wie viele andere Sandcichliden gilt auch *E. melanogenys* als recht schreckhaft, etwa wenn die Aquarienbeleuchtung abrupt gelöscht wird. Eine Dämmerungsschaltung ist angebracht! Auch sollte man hektische Bewegungen vor dem Aquarium vermeiden; bei Erschrecken reagieren die Sandcichliden mit panikartiger Flucht. Im Aquarium, auch wenn es noch so groß ist, kann das dazu führen, daß die Tiere sich die Schnauzen an den Scheiben wundstoßen.

Südamerikanische Bewohner der Sandflächen sind zum Beispiel Süßwasserrochen aus den Gattungen *Potamotrygon* und *Disceus.* Diese Fische, die einen Durchmesser von über einem halben Meter erreichen können, werden als Jungtiere oft im Zoohandel angeboten. In der Regel handelt es sich um Wildfänge aus Südamerika. Die Nachzucht dieser lebendgebärenden Fische – man kann die Männchen an ihrem Begattungsorgan erkennen, das aus einer Umbildung der Bauchflossen besteht – ist zwar schon gelungen, gehört aber immer noch zu den aquaristischen Seltenheiten. In einem Becken der hier genannten Größe kann man drei oder vier Rochen pflegen. Beim Hantieren im Aquarium ist Vorsicht geboten: Süßwasserrochen tragen auf dem Schwanzstiel einen aufrichtbaren Dorn, den sie zu ihrer Verteidigung einsetzen. Fühlen sie sich bedroht, schlagen sie ihren Schwanz gegen den Feind; der Stachel kann schmerzhafte Verletzungen hervorrufen. Eine besonders schöne und auffällig gemusterte Art ist *Potamotrygon motoro* aus Brasilien mit einem attraktiven Muster aus großen runden Augenflecken auf der Oberseite.

Aus der großen Familie der Harnischwelse leben viele Arten bevorzugt auf

Sandboden: Die meisten der bei uns als »Hexenwelse« bezeichneten Loricariiden (Unterfamilie Loricariinae) bevorzugen Sandboden. Beim Schnorcheln im flachen Uferwasser südamerikanischer Flüsse über Sandboden stößt man immer wieder auf Harnischwelse der Gattungen *Loricaria, Rineloricaria, Cteniloricaria, Loricariichthys* oder *Lamontichthys*, um nur einige zu nennen. Mit ihrer – je nach Gattung unterschiedlich – flachen Körperform und der Tarnzeichnung aus beigen und braunen Elementen auf Körper und Flossen sind sie in diesem Lebensraum bestens geschützt, zudem können sich viele Arten auch im Sand eingraben.

Eine weitere südamerikanische Welsfamilie, die Bratpfannenwelse (Aspredinidae), enthält ebenfalls flache Arten, die mit Vorliebe Sandzonen bewohnen und sich im Boden eingraben können. Interessant ist ihre Schwimmweise: Bratpfannenwelse bewegen sich nach dem Rückstoßprinzip vorwärts, indem sie Wasser aus den Kiemenöffnungen mit solcher Kraft ausstoßen, daß sie dadurch vorangetrieben werden!

Da sowohl die Rochen als auch die Welse Bewohner des Bodengrundes sind, kann man sie mit Arten vergesellschaften, die sich in den höheren Wasserschichten aufhalten. Dazu bieten sich zum Beispiel Schwarmfische wie Salmler an, unter denen es ja auch einige reine Oberflächenbewohner gibt, zum Beispiel die Beilbauchsalmler der Gattungen *Carnegiella* und *Gasteropelecus*. So belebt man das Aquarium auch in den oberen Zonen, ohne daß es seinen Charakter als Sandbodenaquarium einbüßt.

Anhang

Literaturhinweise

BAENSCH, H. A., R. RIEHL: Aquarien Atlas. Band 2. Melle 1985

DE WIT, H. C. D.: Aquarienpflanzen. Stuttgart 1990

FRANKE, H.–J.: Handbuch der Welskunde. Leipzig, Jena, Berlin 1985

HERRMANN, H.–J.: Die Buntbarsche der Alten Welt – Tanganjikasee. Essen 1987

KONINGS, A.: Malawi Cichliden in ihrem natürlichen Lebensraum. Herten 1989

KOSLOWSKI, I.: Die Buntbarsche der Neuen Welt – Zwergcichliden. Essen 1985

LINKE, H.: Farbe im Aquarium. Labyrinthfische. Melle 1980

OTT, G.: Schmerlen. Minden 1988

RIEHL, R., H. A. BAENSCH: Aquarien Atlas. Band 1. Melle 1982; Band 3. Melle 1989

SEEGERS, L.: Killifische. Eierlegende

Zahnkarpfen im Aquarium. Stuttgart 1980

STAECK, W.: Handbuch der Cichlidenkunde. Buntbarsche: Arten, Verhaltensbiologie, Pflege und Zucht. Stuttgart 1982

STALLKNECHT, H.: Lebendgebärende Zahnkarpfen. Radebeul 1989

STAWIKOWSKI, R., U. WERNER: Die Buntbarsche der Neuen Welt – Mittelamerika. Essen 1985

STAWIKOWSKI, R., U. WERNER: Die Buntbarsche der Neuen Welt – Südamerika. Essen 1988

STERBA, G.: Aquarienkunde. Stuttgart 1989

STUDER, P.: Nasse Welt. Basel 1986

VAN DEN NIEUWENHUIZEN, A.: Das Wunder im Wohnzimmer. Aquarieneinrichtung und ihre Technik. Stuttgart 1982

WERNER, U.: Aquarienpraxis – Süßwasser. Essen 1987

WILKERLING, K.: Die Aquarienfibel. Alles über Fische und Pflanzen im Süßwasseraquarium. Stuttgart 1988

Aquaristische Arbeitskreise und Gemeinschaften

Deutsche Cichliden-Gesellschaft (DCG)
Geschäftsführer: Winfried Poesdorf, Parkstr. 21 a, 4800 Bielefeld 17.

Deutsche Gesellschaft für Lebendgebärende Zahnkarpfen (DGLZ)
Geschäftsführer: Mark Mills, Alskerstr. 11, 4952 Porta Westfalica.

Deutsche Killifisch Gemeinschaft (DKG)
Geschäftsführer: Dr. Vollrad Etzel, Hamburg-Amerika-Str. 6, 2190 Cuxhaven.

Internationale Gemeinschaft für Labyrinthfische (IGL)
Geschäftsführer: Harald Hehl, Am Obertor 1b, 6509 Flonheim.

Internationale Gesellschaft für Regenbogenfische (IRG)
Geschäftsführer: Andreas Deutrich, Rather Str. 53, 5160 Düren 7.

Verband Deutscher Vereine für Aquarien- und Terrarienkunde (VDA)
Geschäftsführer: Hans Stiller, Luxemburger Str. 16, 4630 Bochum.

VDA-Arbeitskreis Barben, Salmler, Schmerlen, Welse (BSSW)
Geschäftsführer: Gerhard Ott, Holzkrugweg 16e, 2390 Flensburg 9.

VDA-Arbeitskreis Wasserpflanzen
Geschäftsführer: Gerd Eggers, Flachsbleiche 70, 4044 Kaarst.

Register

Register